できるが増えて
自立心がどんどんアップ!

発達障害&グレーゾーンの子への接し方・育て方

一般社団法人
こども発達支援研究会理事
前田智行

大和出版

はじめに

今、さまざまな場面で、厳しい現実に直面し悩んでいるあなたへ

本書を手に取ったあなたは、今、「発達障害・グレーゾーン」のお子さんへの悩みを抱えていたり、困っていらっしゃるのかもしれません。

この本は、そういったお悩みを解決することを目指しています。

ここで簡単に自己紹介をさせてください。

私はこれまで、子どもの「育ち」に寄り添いながら、小学校や放課後等デイサービスで働いてきました。

また、特別支援教育の専門家という形で、500名以上の子どもの支援に関わりながら、支援に関する情報発信も多数行ってきました。

そもそも、なぜ私がこの発達障害・グレーゾーンの子どもたちに関わり始めたのか――。

それは、小学校で働き始めて3年目の出来事がきっかけです。

新学期を迎え、新しく担任するクラスが決まったとき、私は前任の先生から、「前田先生のクラスには要注意な子どもがいるから、これを読んでおいて」と、とある子どもの引き継ぎ書類を渡されました。

そこには、

「忘れ物が多い、授業中に離席する、授業に参加しない、指示は無視する、他の子とトラブルを起こす、自閉症・ADHD（注意欠如・多動症）の診断があり、地域の療育センターとつながっている……」

などなど、多くのことが書かれていました。

そしていざ、対面してみると、驚きました。

引き継ぎ書類とほぼ同様の行動がその子には見られたのですが、それ以上に、行動の一つひとつが、私自身の子どもの頃とそっくりだったからです。

実は私自身も、幼い頃から問題行動が目立つ子どもでした。

残念ながら、**大人になってもその傾向は残り続け、社会の中で、どのように生きて**

いけばいいのか、悩む日が続いていました。

そんなとき、自分とそっくりな子どもの担任をすることになり、しかもその子は発達障害と診断されている……。

「私ももしかして、発達障害だったのか……？」

このとき私は、これまでの点と線が一瞬でつながりました。

そして休日、病院に行き、検査や医師のヒアリングを受けたところ、医師からは発達障害（自閉症、ＡＤＨＤ）の可能性が高いことを伝えられ、アトモキセチン（ストラテラ）というＡＤＨＤの薬を使って様子をみることが決まりました。

さらに医師からは、

「今まで学校とか仕事で苦労したと思うけれど、それは性格の問題じゃなくて、発達障害のせいだからね」

とも言われたのです。

これまで私は、人に迷惑をかけて生きてきたという自覚が強かったので、自分はダメ人間である、と長い間思っていました。

だからこそ、医師の言葉を聞いて、**「私の人間性がダメだったわけじゃなかったんだな……」と、つい泣いて喜んでしまった**ことを、今でもよく覚えています。

一方で、学校で怒られてばかりの子どもたちも、自分の背景を知らないで苦しんでいるのかもしれないと考え始めました。

そしてこれを機に、発達障害などの特別支援教育について真剣に学ぶ日々がスタートしたのです。

その後、発達に困難を抱える子どもや、不登校やいじめなど、今困っている人への支援、また、これらの学問の専門性を高めたい人のニーズに応えていく、「一般社団法人こども発達支援研究会」を立ち上げました。

そして、子どもたちと関わる中で学んできた専門知識を、より多くの人に知っていただくために、多岐にわたるさまざまな活動を行っています。

ありがたいことに、今では、**全国の学校・教育委員会や福祉施設、医療関係者などの方々に研修をさせていただいたり、共同研究をしたりするお話をいただくことも、年々増えています。**

さて、今回の本ではこれまでの日々の支援の中で得た、すぐに実践できるアイデアとヒントを多数紹介しております。

本文では、「ことばの支援」「負けを嫌がる子」「友人スキル」「時間感覚」「コミュニケーション能力」「性教育」など、保護者の方からよくいただくお悩みをベースに、それぞれの支援方法を整理してまとめております。

どこから読んでいただいても問題ありませんので、ぜひピンとくるところからお読みください。

また、本文の前半では年齢が低い子ども向けの内容を、後半では中学生〜高校生などを意識した構成になっています。

これは、**今の目の前の子どもに役立つのと同時に、将来のために、今、意識すると良い、ライフステージを意識した関わりのヒントにもなり**、長年にわたって活用できる本になっております。

私は普段、個人の経験よりも、調査・研究を経たエビデンスに基づいた支援についての発信を心がけています。

しかし、**今回、あえて、私自身が経験したエピソードや反省点など、当事者としての意見も載せることにしました。**

そうすることで、普段、特別支援に関わっている先生だけではなく、保護者の方や当事者の方も、より身近にとらえることができ、読みやすくなったものと思っています。

加えて、それぞれの状況をあらわしたイラストが入っているため、一瞬でイメージができるようになっています。

本書をお読みでいただくことで、日々の支援のアイデアや引き出しが増え、目の前の子どもにどう関わればいいのかが具体的にわかるようになり、その結果、毎日、穏やかな気持ちで子どもたちと関わることができる——。

このようなプラスの効果があることを期待して、本書を執筆しました。

ぜひご家庭や職場に一冊置いていただければ幸いです。

前田　智行

目次

2章 聞く力、語彙力が高まる「ことばの支援」

3章 環境に適応できるようになる「ライフスキル支援」

4章
成功体験が増え自信の芽が育つ「自己決定支援」

5章
「怒り爆発」が転換できる「負けを嫌がる子への支援」

6章 曖昧な状況でも混乱させない「伝え方の工夫」

7章

失礼な態度や誤解を防ぐ「友人スキル」

8章

予想外のことも対処できる「時間感覚の支援」

9章 自然と好ましい行動が取れるようになる「不注意支援」

12章

苦手な刺激が減らせる「感覚支援」

13章

好きなことから能力を高める「運動支援」

14章

多方面からのアプローチで可能性が広がる「学習スキルへの支援」

15章

集団でも戸惑わない「コミュニケーション支援」

16章

ルールや仕組みを認識させる「社会性への支援」

19章 適切なアプローチで行動できる「異性関係支援」

本文イラスト／楠わと
本文レイアウト／上坊菜々子
DTP／美創

1 章

一歩踏み出す
ヒントになる
「支援のスタンス」

支援の
スタンス1

遊びは7割子どもにつきあい、3割大人の遊びに誘う

7割　子どもから

7	3

3割　大人から

遊んで信頼関係ができると、次の発達に移動する

自閉スペクトラム症（ASD）の子どもは、人への興味が薄いことが、発達の遅れにつながることがあります。

そこで、大人はまず、「子どものやりたい遊びにつきあう」という意識が大切です。

大人が、自分の興味や関心にそって遊んでくれることで、子ども側には、「この人といると楽しい」というポジティブな気持ちが芽生えて、大人への信頼関係が築けるようになります。

子どものやりたい遊びにつきあうことで、子どもは、**「この人と一緒に話したい」**と感じるようになり、「この人に話しかけよう」「先生の話なら聞こう」と意識して、**話す／聞く力が発達**します。

また、**「この人と一緒に遊びたい」**と感じているので、大人から「これで遊ぼう！」と提案されると、「本当はこっちで遊びたいけど、先生と一緒に遊びたいから、誘いに乗ってあげよう」と、**自分の考えに折り合いをつけて、相手に合わせて誘いに乗ってくれる**ようにもなります。

そして、ルールの説明を聞いたときでも、**「この人と遊びたいから、ルールは守ろう」と規範意識が育ちます。**

複数人で遊ぶ場合は、**「この人を困らせたくないな」と感じて、マナーを守って参加してくれる**ようになります。

このように、子どもの提案に乗って遊ぶことで、**①信頼関係の構築、②話す／聞く力、③我慢して折り合いをつける力、④ルール、マナーを守る力**など、さまざまな力が発達していくのです。

そこで、まずは子どもの提案に10割乗って、一緒に遊んでみましょう。

徐々に関係性ができてきたら、「今日はこれで遊んでみない？」と誘ってみましょう。誘いに乗ってくれるなら、関係性が出てきた証拠です。

ただし、ここで油断して、大人から提案ばかりしてしまうと、「この先生は面白くなくなった」と関係性が崩れ始めます。

ＡＳＤは、自身の興味関心へのこだわりが強い傾向があります。

こんなときは、半分以上、できれば7割は本人のやりたい遊びに没頭させてあげましょう。

もちろん、大人もその世界に入って遊ぶことが大切であり、「好き」という気持ちを生かすことは、すべての場面で重要です。

ただし、他者と折り合いをつける社会性も、自立には必要です。

だからこそ、**残りの3割は、大人から遊びを提案して、社会性を伸ばす機会をつくってあげることが必要**です。

後ほどその具体的な方法についてはご紹介していきますが、時間をかけて関わることで、子どもは社会性を次第に育めるようになります。

支援のスタンス2

教えるときは環境調整をセットで

まず
参加することで
経験を積んで
その活動に
慣れるんじゃ

まず参加を確定する

発達障害を持つ子どもは、自身が持っている特性のために、普通に教えてもできないケースがあります。

その場合は、はじめに環境調整をしてハードルを下げ、子どもが参加できるように工夫します。＊環境調整…人的、物的、空間的環境を調整することで、困っている状況を解消する

一方で、そこに大人の配慮や支援が入ると、「甘やかしている」と文句をいう人もいます。

しかし、**まずは参加できる状態から、徐々に支援を減らしていくほうが、当然ですが子どもは成長します。**

一例ですが、片付けが苦手なら、片付け場所を視覚的に示して明確にします。

すると、スムーズに片付けができるようになります。

可能であれば、徐々に視覚的支援を抜いていきましょう。支援を減らしていくことで片付けが習得できれば良いですし、これ以上は無理というラインがあれば、そのまま環境調

整とセットで、子どもが覚えれば良いわけです。

つまり、「ここまで環境調整（援助要求）をすれば、子ども自らできるようになる」という段階まで教えるということ。

それが自立できるスキルになっていきます。

「配慮＝甘え」という考えでは、いつまでも参加できず、成長しません。

まずは参加を確保することを優先しましょう。

支援のスタンス3

医療福祉とつきあっていく

医療は一生もの

昔は、病院は病気になったら行く場所であり、治ったら終わり、という関係性でした。

しかし、高齢化が進み、生活習慣病などが増えている現代では、定期的に病院に通いながら生活する、という生活スタイルが増えています。

発達障害の子どもは、自律神経が不安定だったり、風邪をひきやすかったり、アレルギーやその他疾患にかかりやすいことが知られています。

そのため、発達障害、そしてその他の病気を含めて、定期的に病院や福祉施設を利用しながら生活するスタイルが求められます。


現在は、児童発達支援事業所や、放課後等デイサービスも増えています。

そして、今、医療福祉は、「困ったときに行くもの」ではなく、生活の一部とみなして、生涯つきあっていく生活を構築することが、発達障害の子を取り巻く環境で求められています。

支援のスタンス4

グレーゾーンなら早くみてもらおう

早く対策できたらラッキー

発達障害の行動を一部持っているが診断はおりない。

あるいは知能指数がＩＱ71～84で、支援を必要とする場面が多いものの、支援制度が少ない状態の子ども。彼らは「グレーゾーン」の子どもと呼ばれています。

正式な診断名ではありませんが、園や学校では行動面で課題が大きく対応に悩んでしまうことも多く、相談が増えています。

グレーゾーンの子どもを見ると、大人としては、「たまたま発達が遅れているだけではないか？」「少ししたら追いつくのではないか？」と考えて、様子見としてしまうこともよくあります。

このような、初期対応については、反対に考えてみることをおすすめしています。

たとえば、「もう少し様子を見ましょう」

ではなく、

「グレーゾーンであれば、早めに見つかってよかったですね。よければ療育に参加してみませんか？　今のうちに発達を促せば、周囲に追いついてくるかもしれません」

というように考えたほうが、将来のリスクを減らすことができます。

2章

聞く力、
語彙力が高まる
「ことばの支援」

ことばの
支援1

話は最後まで聞ききる

すっからかんになると、話を聞く力が発達する

発達障害の子どもは、話を聞く力の苦手さを持つことが、多い傾向があります。

これは、こだわり行動や、途中で話を忘れる不安などから、自分の話を止めることができず、聞く体制へ切り替えができないためです。

この状態で、「相手の話を聞きましょう」と指導するのは特性的に厳しいですし、本人にも不満やストレスが溜まります。

そこで、基本的に子どもの話は「最後まで聞ききる」ことがおすすめです。

「最後まで」というのは、何分、何時間でも聞くということです。

話が止まったら、「もっとないの？」「続きは？」とさらに追求してみましょう。

そこで本人が、「もうないよ！」と言って、頭の中がすっからかんになれば、そこで初めて「相手の話を聞く」という姿勢に切り替えられます。

このようにして、**聞く経験を積んでいくと、話す：聞く＝100：0だった割合が、徐々に50：50に近づけることができます。**なお、大人は話を聞き続けるのは大変なので、複数人で分担して、協力して話を聞くことがおすすめです。

ことばの支援2

「指差し」は子どものの好きなものから

指差しが語彙力を高める

幼児期の子どもは、大人が物を指差して、「あ！　ブーブーだね！」「わんわんだね！」という姿を見ています。と同時に、その指の先をおって、「車＝ブーブー」「いぬ＝わんわん」と、指差されたものと、名前を一致させて理解することで、徐々に語彙が増えていきます。

よって、指差しの理解は、語彙力の増加に大切なのですが、**ＡＳＤの子どもは、指差しを見ても、「何をしているの？　何を指しているの？」と意図が伝わらないことがあります（勘違いをして、指そのものをじっと見てしまうこともあります）。**

そのため、子どもが好きなものに反応しているときは、まず大人はそれを指差して、「電車だね！」「魚だね！」と、言語化していきましょう。

そのとき、子どもはそれに関心を示しているので、名前が一致しやすくなり、語彙力の増加につなげることができます。指差しの理解が苦手でも、好きなものから語彙力を広げることで、ことばの発達を促すことができます。

ことばの
支援3

テレビを消すことのすすめ

テレビを消すと発語が促されることも

テレビは発達障害の特性と相性が悪いため、必要なとき以外は、なるべく消すか、使わないことがおすすめです。

これは発達障害の特性があると、「聞く力」に課題を抱えてしまうことが多いからです。たとえば、聴覚過敏を持つＡＳＤの子どもは多いですが、家でテレビがついていると、保護者の声が聞き取りづらくなるため、言葉の発達が遅れることがよくあります。

ワーキングメモリの低さを持つＡＤＨＤの子もテレビの音声で脳内がいっぱいになり、他の情報が入らなくなることがあります。

発語が遅れている子や、語彙力が少ない子どものご家庭の様子を見ると、テレビがつけっぱなしというケースが多くみられます。

テレビ自体は悪いものではありません。しかし、子どもと会話をしたり、切り替えたりしてほしいときは、テレビを消してあげると、会話ややりとりがスムーズになり、言語発達が促されるかもしれません。

ことばの支援4

部屋を片付けることのすすめ

部屋の環境はことばに影響する

テレビを消すと同様に、部屋を片付ける。

特に床に物を散らかさないことが、子どもの発達にもおすすめです。

なぜなら、**床に物が散らばっていると、人と物を平等に扱う、あるいは物を優先する傾向があるASDの子どもは、日常的に床にある物に注意をもっていかれてしまうからです。**

そのため、家族に向ける注意が減って、家族の言葉を聞く量も減ってしまいます。

ASD当事者のご家庭に入ると、床に物やゴミが多く落ちている、もしくは、テレビが常についている、という環境であることがしばしばあります。

もちろん、家族にも事情はあるので善し悪しの問題ではありません。

このような場合は、テレビや片付けのアドバイスをしたり、ときには一緒に片付けを手伝ったりすることで、支援者と家族で協力して、子どもが過ごしやすい、育ちやすい環境をつくっていくことが大切です。

3 章

環境に適応
できるようになる
「ライフスキル支援」

ライフスキル
支援1

アイコンタクトは眉間を見る

「目を見ている風」であればよし

発達障害の子どもの中には、アイコンタクトが苦手な子がいます。

相手の目を見ることは、他者の感情や雰囲気を感じ取ったり、視線で相手の見ているものを推測したり（指差しの発展）、距離感を感じ取ったりしているという研究もあります。

そのため、アイコンタクトが苦手だと、社会性の発達にも影響もあります。

そのうえで、「相手の目を見るよう指導し、できたらほめてハイタッチして、アイコンタクトを促す」という支援もあります。

それができれば良いことですし、言葉が発達してくると、「目の動きを追ってみよう」「何を見ているか当ててみよう」というように、視線を察知する力を後天的に練習して獲得する子もいます。

反対に、「目を見ると怖い」という子もいます。

そんなときは、「目を見ないでいいよ。ここ（眉間）を見てみて」と、眉間を見ることを教えます。

そうすることで、相手からは目が合って話しているように見えるはずです。

ライフスキル
支援2

教えるときは後ろから教える

後ろから少しずつ教える

未就学の時期は、着替え、歯磨き、トイトレ（トイレトレーニング）など覚えることがたくさんです。

そのため、特別支援が必要な子の中には、嫌になって投げ出す子もいます。

そんなときは、後ろから教えてみるのがおすすめです。

後ろからというのは、はじめから子ども1人でさせるのではなく、大人が一緒にすべての動作のガイドをしながら、最後のステップだけを子ども本人にさせるということです。

たとえば、パンツやシャツ、ズボン、靴下、帽子を身につけてほしい、と思ったときは、パンツやシャツ、ズボン、靴下までを一緒に手伝いながら身につけさせ、最後の帽子だけは、子どもが自分で被るようにうながします。

1つの動作をすると、「完了」となるので、それが子どもの成功体験になります。

次に、パンツやシャツ、ズボンだけを一緒に行い、靴下と帽子を自分でやってもらいます。

このように、完成の一歩手前から、少しずつサポートを減らして、できる部分を増やしていきます。

大人は手伝う箇所が多く、少し大変かもしれませんが、子どもは最初の段階で、成功体験を多く積めるので、モチベーションが継続しやすく負担が少ない教え方です。

また、この、「後ろから教えていく」考え方は、行動分析学では逆行連鎖といいます（前から教えていくのは順行連鎖）。

この考え方は、いろいろな場面で応用が可能です。

たとえば、不登校の子どもの支援場面では、再登校の際に、いきなり1時間目から登校しようとすると、3時間目あたりでエネルギーが切れて、「やっぱりダメだった」と失敗体験になってしまいます。

しかし、**後ろの6時間目から再登校すれば、6時間目を頑張って帰りの会で帰宅、という形で成功体験として終えられます。**

そこから、5時間目から登校、給食時間から登校、4時間目から……と徐々に逆行して登校時間を伸ばしていけば、成功体験を積みながらできますので、自己肯定感も高まりますし、メンタルへの負担を最小限に抑えられます。

このように、この方法はさまざまな場面で応用が可能です。

ライフスキル支援3

休み方を教える

意外と教わらない休み方

多動な子どもは、そもそも「休む」という概念を持っていないことが多いようです。

多動な子どもはオンオフでの切り替えが難しいため、休み時間でも、放課後でも、1人のときも常に何かしらに興味が移って活動してしまいます。

そのため、一般の人が「疲れた～」と言って、何も考えずゴロゴロするような休み方を大人になっても知らないまま、という当事者の方もいます。

ただし、「寝る」という活動は、体も回復するので「休む」と認識しているケースは多いと思います。

そこで、子どもには「休み方」を教えるのが大切です。

たとえば多動な子も、疲れてくると、「もう宿題やりたくない！」と、自分をコントロールできなくなります。

そんなときは、

「じゃあ、腕を顔の前でバッテンにして、そのバッテンをおでこにつけて、机に倒れてみて。そのまま、頭の中で100秒数えてくださいと教えてみます。

すると、終了後「どうだった？」と聞くと、「ちょっと頭がスッキリした」と言ってくれます。

そして、「じゃあ、宿題の続きできそう？」と聞くと、「できそう」と言って続きに取り組んでくれます。


このように、休み方を知らない子どもは意外と多くいます。

一方で、疲れたときの適切な休み方を教えることで、環境に適応できるようになる子どももいますので、この方法はおすすめです。


特に、発達障害の子どもは、周囲に過剰に気を遣って活動に参加をした結果、定型発達の子ども以上に疲労を抱えてしまう子もいます。

ですから、休み方を学んだり、クールダウンスペースを設置して、定期的に休める体制づくりをすることも大切です。


不登校の子どもの中にも、学校生活の疲労が大きすぎるために、登校拒否するケースもありますので、あえて学校生活の中で、休憩時間をつくることで、登校が継続することもあります。

ちなみに、著者自身も多動があり、常に何かをしている状態がスタンダードでした。学校の休み時間も、会社の休憩時間も、常に何か作業をしているため、「休む」という感覚を知ったのは30歳のときでした。

気づいたときは衝撃でしたが、脳の特性が異なると、このような当たり前と呼ばれる現象に気づくことにも、彼らは時間がかかってしまうのです。

だからこそ、支援者とのコミュニケーションを通して、気づいていないことを教えてあげることが重要だと言えます。

ライフスキル
支援4

早寝を意識するのではなく、全力疾走して寝落ちする

休み方のわからない発達障害児

多動性の高い発達障害の子どもは、じっとしていることは苦手ですが、それを行動力があるといかにポジティブに捉えていくかが支援においては重要です。

たとえば、彼らは常に頭も体も動き続けているため、夜寝付くのが遅くなりがちになるという課題もあります。

寝る前にゲームをやってしまい、目が冴えて寝られないというケースも多いので、どう寝てもらうかは本人も保護者も悩みの種になります。

おすすめは「全力疾走して寝落ちさせる」という方法です。

そもそも、寝かせようと思っても、本人の意識では変えづらいもの。

そこで、「布団で横になって漫画を読みなさい」と、寝る準備だけして、そのまま活動を継続させます。

そうして、3～4時間漫画を読み続けると、糸が切れたように寝落ちしてくれます。
漫画と同様に、お布団の中でゲームをしていても寝落ちします。

無理に寝させようとするより、全力で活動させ続けて、エネルギー切れを早めるほうが、結果的に睡眠は安定します。

4章

成功体験が増え
自信の芽が育つ
「自己決定支援」

自己決定
支援1

自己選択の機会を常に持つ

自分で決めたことが一番安心できる

発達障害の子どもは、想像することが困難な子どもや、ワーキングメモリなど記憶の力が弱い子どもが多い傾向があります。

人の話を聞いても、前後関係が想像できず、理解できなかったり、細部を忘れてしまうなど、情報伝達やコミュニケーションで、うまくいかないことも多くあります。

しかし、自分で考えて、自分の価値観で、「これがいい！」と決めたことについては、前後関係もわかりますし、記憶にも残りやすいため、本人の安心感が高いという特徴があります。

そこで、**日常の些細なことから、「どっちがいい？」「何がいい？」と子どもに聞いていきましょう。**

また、大人も、「お父さんは、こういう理由でこっちにする、三郎はどうする？」と、自己決定のモデリングとなることが大切です。最初は二択から選び、徐々に複数の選択肢から選べるよう段階を上げていくことも良いでしょう。

それは、自己決定したことこそが、子どもの成功体験にも直結していくからです。

自己決定
支援2

感覚過敏は自己決定で和らぐ

自分の脇を自分で触ってもくすぐったくない

自己決定が安心感をもたらすことを紹介しましたが、**感覚過敏がある子どもは、自分ではない人が考え選んだものは、不安が高まり、感覚過敏が強くなることがあります。**

そのような場合も、自己決定は有効です。

感覚過敏からご飯と牛乳しか食べない偏食の子どもも、スーパーに行き、「どれが食べたい？」と聞くと、お豆腐や白身魚、ヨーグルトと、意外なものに興味を示して、食のレパートリーが広がることもあります。

また、歯磨きも、大人が歯磨き粉と歯ブラシを選んで磨こうとすれば、怖くて拒否するかもしれません。

一方で、**複数の歯磨き粉と複数の歯ブラシを見せて、「どれがいい？」と自己選択の段階をつくると、過敏が和らぎ、スムーズに歯磨きができたりします。**

自分の脇も他人が触ったらくすぐったいですが、自分で自分の脇を触ると平気ですよね。

同じように、自己決定をすることこそが、子どもの安心感を高めるのです。

5章

「怒り爆発」が転換できる「負けを嫌がる子への支援」

負けを嫌がる
子への支援1

にらめっこをして遊ぶ

「負けても楽しい」という経験を積む

特別支援が必要な子どもの中には、「負けることに耐えられず暴れてしまう」という子どもがいます。

本来は、「一緒に遊ぶプロセスを楽しむ」ことが目的なのに、「勝って良い気分になる」ということが目的となり、結果、負けたショックに耐えられないのです。

負けず嫌いな性格でも、それが人生でプラスに働けばいいのですが、対人関係や日常生活にまで影響が出るなら支援が必要です。

こんなとき、「にらめっこ」をして遊ぶのは支援として有効です。**にらめっこは、「笑ったら負け」というルールなので、「負け＝嫌だ」と学習しているはずなのに、「負け＝楽しい」という結果になります。**

そのため、「負けても楽しい」と学習できますし、大人から「負けても楽しいね～」とラベリングをすることで、誤学習を上書きすることが可能です。

負けを嫌がる子への支援2

協力型ゲーム

ゲームは勝ち負けで終わるものだけではない

発達障害の子の中には、負けることへのストレスに耐えられず、ゲームを放棄したり、怒りを爆発させたりしてしまう子もいます。

そんなときは、まずは、「協力型ゲーム」からスタートします。

たとえば、1人で遊べる「ソリティア」を2人で一緒にやっても良いですし、ボードゲームであれば『脱出！　おばけ屋敷ゲーム』。

アナログカードゲームなら『ｉｔｏ』など、複数人で協力して、クリアを目標にするゲームであれば、勝ち負けにこだわらなくてすみます。

ここで大事なのは、「勝つことが楽しいのではなく、一緒に遊ぶことが楽しい」という事実に気づかせること。

そのために、**まずは協力型ゲームで一緒にゴールを目指す経験を積んで、一緒に遊ぶ時間を楽しめる環境設定をしてみましょう。**

負けを嫌がる
子への支援3

ジャンケン

勝負をごまかす暇がない遊び

負けが苦手な子は、一緒に遊ぶ大切さに気づく経験が大事ですが、現実的には、幼いうちは、『負けても楽しい』と大人な思考までいくことは難しいものです。

そのため、**「負けてもごまかさない」「負けは嫌だが、人に迷惑はかけない」というスキルを身につけるために、「ジャンケン」から始めてみることが大切です。**

たとえば、時間のかかるボードゲームなどでは、負ける前に「なんか負けそう」と気づいてしまうので、脱走したり、ボードをひっくり返したりと、怒りを爆発させる余地が生まれます。

しかし、ジャンケンは、手を出した瞬間に勝敗が決定するので、勝負をなかったことにするようなごまかしはできません。

そこで、大人がジャンケンで負けても、「もう一回やろう」など、負けた後に切り替える姿を何度も見せると、子どもは徐々に、「適切な負け方」を覚えてくれるようになります。

6 章

曖昧な状況でも混乱させない「伝え方の工夫」

伝え方の工夫1

損得で説明する

感情で説明されると伝わりづらい

ＡＳＤの子どもは、目に見えない感情など、概念の理解が苦手なことがあります。

そのため、廊下でボールを投げるなど危ない行動をしているときに、「小さい子が怖がっているでしょ！」と伝えても、「俺は、怖くはないしな……何が嫌なんだろ」と、気持ちによる言い方がうまく伝わらないことがあります。

そこで、「ボールが窓に当たって割れたら2万円の罰金だよ」「怪我したら、病院に行くから。給食のカレー食べられないよ」など、**損得を基準とした伝え方は、気持ち／感情に関係なく、デメリットが明確なため、「それはしないほうがいい」と理解するのが簡単になります。**

もちろん、気持ちを教えることは悪いことではないので、損得で納得する言葉と一緒に、「ボールは外で遊べば得だし、小さい子も安心だね」など、損得＋気持ちをセットにして伝えると良いでしょう。

伝え方の工夫2

数字を使って説明する

10.
9.
8.
7...

数字は曖昧さを減らす有能ツール

発達障害の子どもは、「ちゃんと／しっかり／丁寧に」など、曖昧な言葉で言われると、曖昧さを理解できず、混乱してしまうことがよくあります。

また、大人も曖昧な言い方はしない、と心がけていても、「どう伝えればいいか」と迷ってしまうこともあります。

そこで、1つの方法として、数字を使って説明することがおすすめです。

「ちゃんと手を洗いなさい」ではなく、「10秒水で手洗い、ハンドソープをつけて20秒モミモミ、10秒で泡を洗い流す」と数字で伝えると明確になり、行動に移しやすくなります。

「大人の指示を理解できない」「行動が定着しない」と支援者が悩んでいるケースでは、単純に指示が曖昧で伝わっていないケースが多いので、数字で説明することで適切な行動が定着しやすくなる効果もあります。

ちなみに、**日々の生活や思考を数字で置き換えて理解をすることは、ほかの場面でも有**

効です。

たとえば、ＡＤＨＤ／注意欠如・多動症の診断基準を確立した、コナーズ博士は、

「ＡＤＨＤは普通の子どもより、何倍も行動する。だからこそ、良い行動と悪い行動の割合は、ほかの子どもと同じにもかかわらず、悪い行動が何倍にもなっているから、悪い子どもと間違えられてしまう。しかし、良い行動も何倍もしているのだから、こちらに注目することで、彼らの行動が劇的に改善する」

と紹介しています。

このように、数字を使って、発達障害の子どもの行動を理解したり、「1日3回叱ったら、1年間で1095回か……」のように、大人の行動を振り返ることも、発達障害の子どもとの関わりを見直す際はおすすめです。

伝え方の工夫3

数字を使って改善点を教える

ほめると指摘を同時に伝える

発達障害・グレーゾーンの子どもは自己肯定感が低く、「ここを直してみようか」と改善点を指摘すると、「ダメだった、叱られた」と落ち込んでしまう子もいます。

ほめることも大事ですが、もっと成長してほしいときは、事実を指摘して伝えることも大事です。そんなときも、数字を使って伝える方法は有効です。

たとえば、片付けができたら、「すごいね！　90点だ！」と伝えてみます。

すると、一見ほめられているので、90点分はスムーズに受け取ることができる一方で、「あと10点は？」と少し気になります。

そこで、**「これを片付けたら100点だ！」と10点分の改善点を伝えることで、その子の片付けスキルを高めることができます。**

数字での評価に抵抗がある子どももいますが、数字は客観性が高い分、ほめることにも、改善点の指摘にも使えるため、数字を使った伝え方は、発達障害・グレーゾーンの子ども対応には必須と言えます。

伝え方の工夫4

合格基準を先に伝えておく

善し悪しの見通しを先に伝えておくと安心できる

ＡＳＤの子どもは、初めての場所や人が苦手なので、先に見通しを伝えておくことが重要です。

さらに、**どんな行動がより良いのかという基準を伝えておくと、より気持ちが安定します。**

たとえば、

「今日は、田舎のおじいちゃん、おばあちゃんの家に行きます。移動の電車の中で、外を見たり、ゲームをしたりして静かに移動ができたら１００点、騒いじゃっても気づいて謝れたら50点、大声で喋って周りの人に迷惑をかけたら０点です」

というように、行動基準を先に伝えます。

そうすることで、

「じゃあ、外を見ていたら１００点か」「うっかり大声出したら『ごめんなさい』と謝ろう」

というように、**行動レベルで見通しが持てます。**

また、基準通りに適切な行動ができたら、ほめて、その行動を強化・定着することも可能です。

7 章

失礼な態度や誤解を防ぐ「友人スキル」

友人
スキル1

友達をほめるスキル

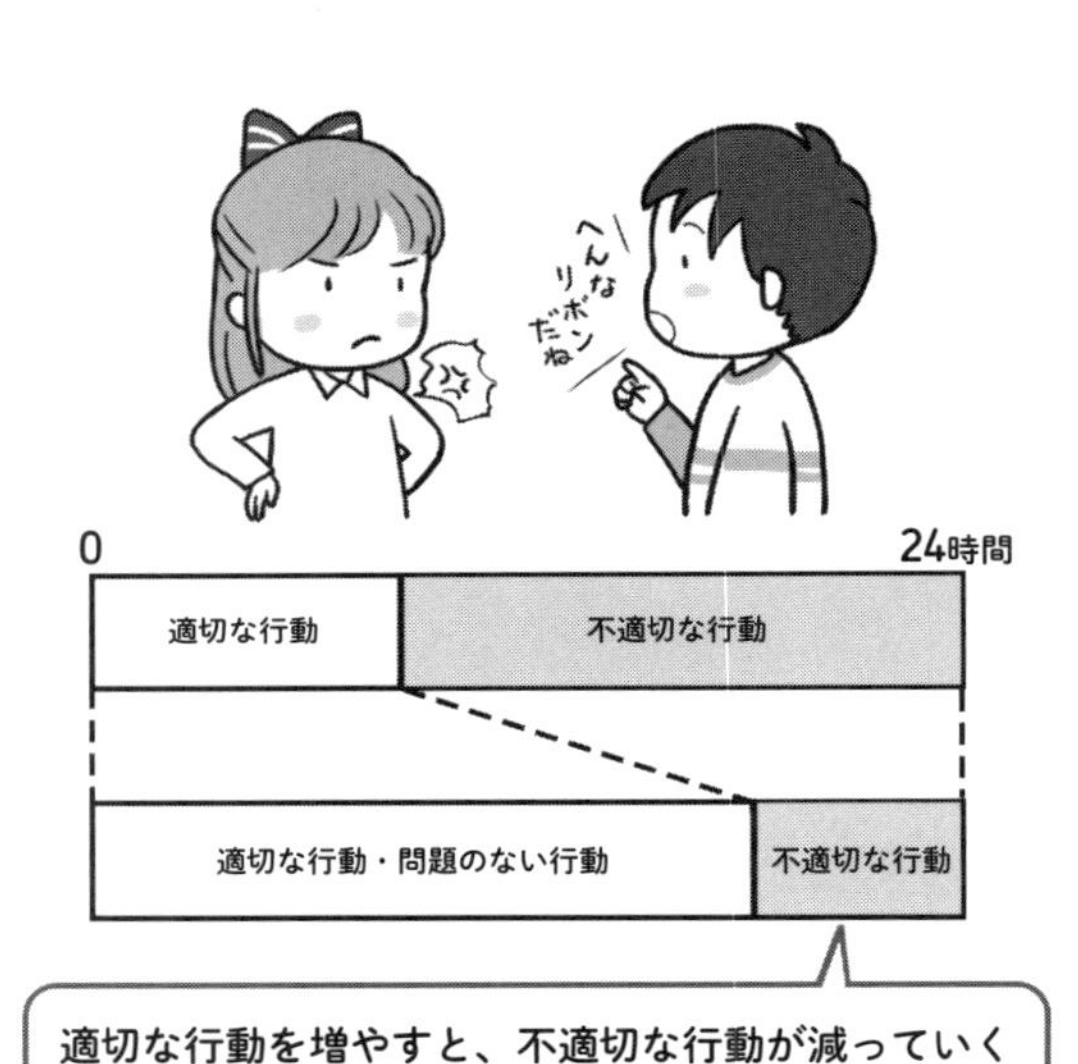

良い印象で、悪い印象を相殺すべし

衝動性・空気が読めないなどの特性を持つ発達障害の子どもは、「衝動的に失礼なことを言う」「相手の気持ちや立場を考えない言動」など、トラブルになる言動が起こりやすく、友人関係が構築・維持できないと悩むことが多いです。

そこで「足速いね！」「おしゃれだね！」「頭いいね！」と「友達をほめるスキル」を教えていくことは大切です。

変化に気づかないことも多いので、「なんか優しいよね」「なんか存在感あるよね」など、気づかなくても言える言葉を教える方法もあります。

そうして、良い印象を増やしていけば、失礼に当たる行動をしても、プラスの行動があると、「あわてんぼう」「おっちょこちょい」など個性と認識される確率が上がります。

発達障害の子どもは、「ちょっと変だけど、いいやつだよ」というポジションにつくことで、心の安心・安定にもつながります。

友人
スキル2

『情けは人の為ならず』を教える

友達をほめたり、親切にするのはメリットがある

特別支援が必要な子どもの中には、友達をほめたり、親切にしたりすることを教えようとしても、「どうしてですか？」「僕に別にいいことありません」と言うことがあります。**特性的に人に興味がないこともありますし、過去の失敗体験が背景にあることもあります。**

そんなときは、『情けは人の為ならず』という諺（ことわざ）を使うことがおすすめです。「人に親切にするのは、人のためではない、親切にすると、巡り巡って、自分にいいことが返ってくるんだよ」と、**あくまで、「親切は自分のメリットのためにやる」と思えると、モチベーションが出る子がいます。**

もちろん、目に見える報酬はすぐにあるわけではないので、効果が薄い子もいますが、中学生以降ですと、「人に親切にしていると、『○くんって優しいよね』って評判が上がるし、好きな子と話せる確率も上がるよ」というような、メリットを伝える方法もあります。

友人スキル3

プロフィール帳で情報収集

視覚化すると人への興味が出てくる

保育園や学校という集団で過ごす際に、「人に興味が薄い」という特性はネックになります。

同級生の話や趣味嗜好にモチベーションがわかず、頭に入らないのですから、対人関係ではマイナスに働きやすいと言えます。

そこで、「友達情報をプロフィール帳に書いてもらって集める」という活動はおすすめです。

それは**音声情報より、文字情報で視覚化して読むほうが頭に入るからです。**

また、**プロフィール情報が増えていくと、対戦カードを集めているようなゲーム要素が出るので同級生への関心が高まります。**

初対面の人との交流のきっかけにもなりますし、情報が増えれば、話題も増えます。

発達障害の子どもは、図鑑や野球名鑑などを好むことが多いですが、これは情報が視覚化・構造化されており、理解しやすいためであり、興味が高まると、同級生以外にも興味が出るケースもあるので、おすすめの活動です。

友人
スキル4

フォロースキルを身につける

ちゃんと謝れば、トラブルの悪化を防げる

発達障害の子どもの中には、衝動性が高い子や、うっかり相手に失礼なことを言ってしまう子がいます。

このような子に、「衝動的に動いちゃダメ！」と教えることも大切ですが、脳の特性ですので、ゼロにすることは難しいものです。

そこで、

「今のウソ！」「今、話盛っちゃった！」

と、**行動の後に謝ったり、訂正したりするフォロースキルを教えておくことも、トラブル予防には効果的です。**

特に、フォローの仕方がわからないと、「謝らない／謝れない」という態度を取って、余計に相手と揉めてしまうことがあります。

本人に悪気がないのも事実ですので、すぐに謝ることで、その後のトラブルの悪化を防

ぐことができます。

もちろん、謝ることで自己肯定感が低下する子どももいますので、「うっかりミスは誰にでもあるんだよ」と深刻になりすぎないよう伝えることも大切でしょう。

8 章

予想外のことも対処できる「時間感覚の支援」

時間感覚の支援1

腕時計を使う

時間は時計とセットで理解が進む

自立には時間の感覚を身につけることが大事です。

しかし、時間とはそもそも時刻と時刻の間を指すもの。

よって、時刻を示す道具が、まず必要になります。


子どもにとって時間を意識しやすい、代表的な道具は腕時計です。

そこで、まずは、**腕時計を日頃から装着して、自分の行動にどれだけ時間がかかるのかを、子どもが知ることからがスタートです。**

登校時間・友達と何時間遊んだか、映画1本は何分か、駅まで自転車で何分か……。

このように、日頃の行動を腕時計で確認して、かかった時間を知っていくことで、「学校は8時30分に始まる。家から学校までは22分だから、8時に出れば間に合うな」というように、計画的に考えることができるようになります。

また、好きなキャラの腕時計や、かっこいい、かわいい腕時計で、子どもと一緒に選ぶことで、より何度も見るようになり時間を意識しやすくなります。

時間感覚の支援2

認知特性に合わせた時計を使用する

得意な道具のほうが時間の理解も早まる

先ほどもお伝えしたように、時間の感覚を身につける際には腕時計が有効です。

子どもの中には、視覚的な情報のほうが理解しやすい、視覚優位の子どももいますので、その際は**アナログ時計のほうが、長針と短針の位置から素早く時刻を把握することができます。**

一方、視覚的な情報よりも、聴覚的な情報で理解することが得意な聴覚優位な子どもは、デジタル時計のように数字で時刻を表記されているほうが、理解しやすいこともあります。

そのほかにも、視覚優位な子どもには、砂時計や水時計など目で見て、残り時間がわかる道具を使うことで、時間を伝えやすくなります。

また、聴覚優位な子どもは、音楽を流して、「この音楽が終わるまでに片付けてね」と指示をすると、「サビに入ったから、だいたい1分たった」というように、音楽の内容で把握できます。

このように、**得意な情報処理能力を活かした教え方の工夫は大切です。**

時間感覚の支援3

カレンダーをつける

祭
10
1 2 3 4 5
6 7 8 9 10 11 12
13 14 15 16 17 18 19
20 21 22 23 24 25 26
27 28 29 30 31

サプライズに動じないために

発達障害の子どもは予想外のイベントが苦手です。

自分の中のスケジュールに予想外のことが起きると、パニックになる子もいます。

そのため、

「今日は、田中くんのお誕生日です！」

「来週は、親戚のおじさんが来ます！」

「今週、お祭りだって！」

といったイベントでストレスを溜めてしまう子は多くいます。

それは、もともと、

「朝起きて、園や学校に行って過ごし、帰宅して放課後を過ごして、夜眠る」

という1日の中でルーティンを決めているためでもあります。

しかし、**実は日本では（あるいは世界中どこでも）、毎週、毎月、何かしらのイベントがあります。**

そこで、**カレンダーに1年間の予定を書き込んでみましょう。**

そして改めて1年間を通して見ると、春夏秋冬があり、季節のイベントがあり、祝日は15日ほどあり、4月は入学式、3月は修了式があり、夏休み、冬休み、春休みがあり。

家族もこの時期に旅行したいなどの希望があり……。

また、自分と友達の誕生日も書き込めば、プレゼントを事前に選ぶ時期が決まり、勉強が必要な時期と気を抜ける時期があり、風邪が流行るので、ワクチンをうちに行く時期があり……というように、年間でイベントが視覚化されてきます。

すると、実はサプライズだと思っていたイベントは、毎年決まったシーズンで起きているルーティンであることがわかります。

このような、カレンダーを使った時間の視覚化は、長期的な時間の感覚を身につけ、イベントにも動じない、安定した生活を送るためにはおすすめです。

時間感覚の支援4

日々の記録をつける

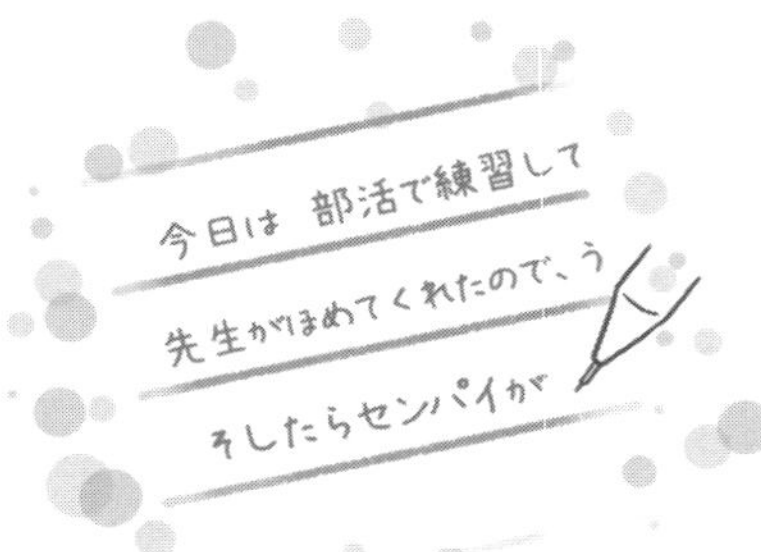

今日は 部活で練習して
先生がほめてくれたので、う
そしたらセンパイが

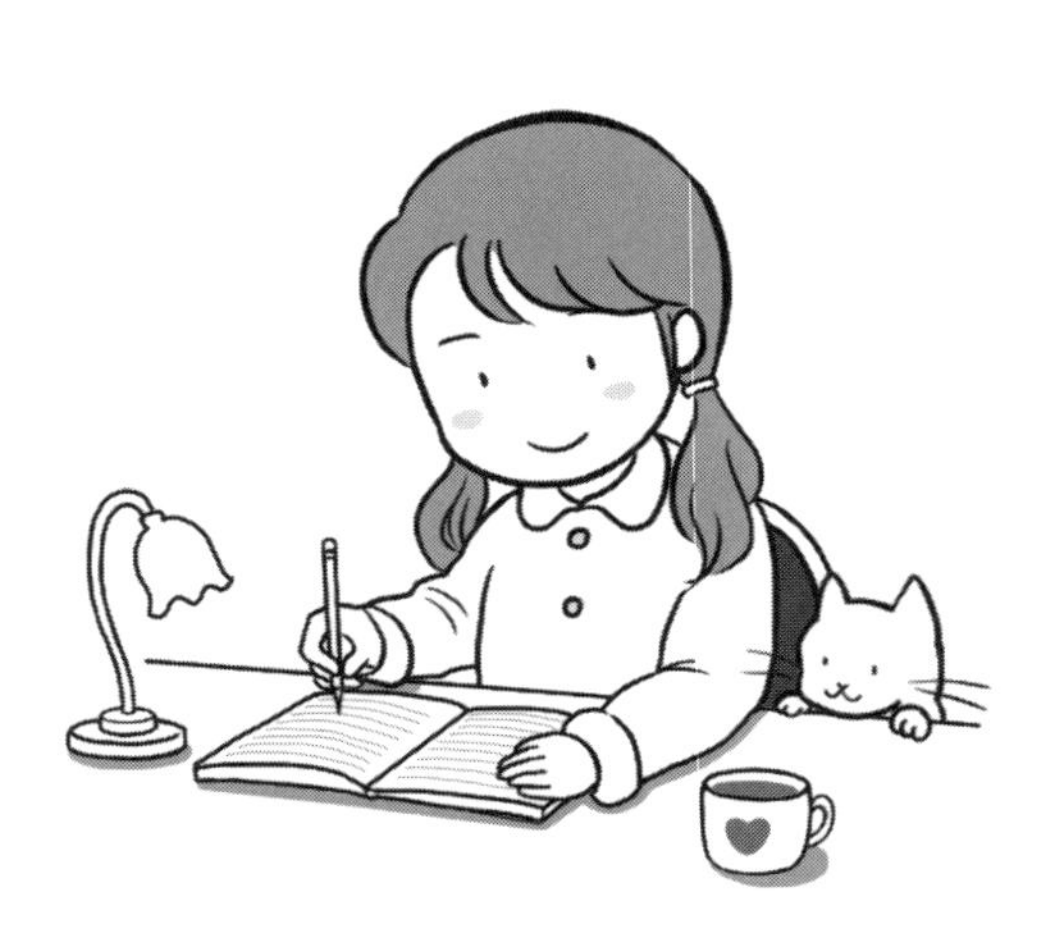

過去の時間を視覚化してみることで、記憶を整理することができる

カレンダーで時間を視覚化すると同時に、日々の記録を残すことも大切です。日記という形でもいいですが、日記は感じたことを書くという印象が強いものでもあります。

そのため、**特性的に合わない子どもであれば、いつ、どこで、何をした、という記録を書く（PC／スマホにメモをする）ようにしても良いでしょう。1週間、1か月経って予定を見返すと、自分の時間が視覚化されます。**

時間を意識することが苦手な発達障害の子どもは多いので、記録にはイラストや写真をつけると、より記憶が整理されやすくなります。

自分で絵を描ければ強く記憶に残りますし、苦手ならスマホで写真を撮って載せても十分です。

文字情報と視覚情報を合わせておくと、記憶を思い出して、整理しやすくなります。

時間感覚はさまざまなツールと連動しているので、時計・カレンダー・日記といろいろ工夫をしてみましょう。

9 章

自然と好ましい行動が取れるようになる「不注意支援」

不注意
支援1

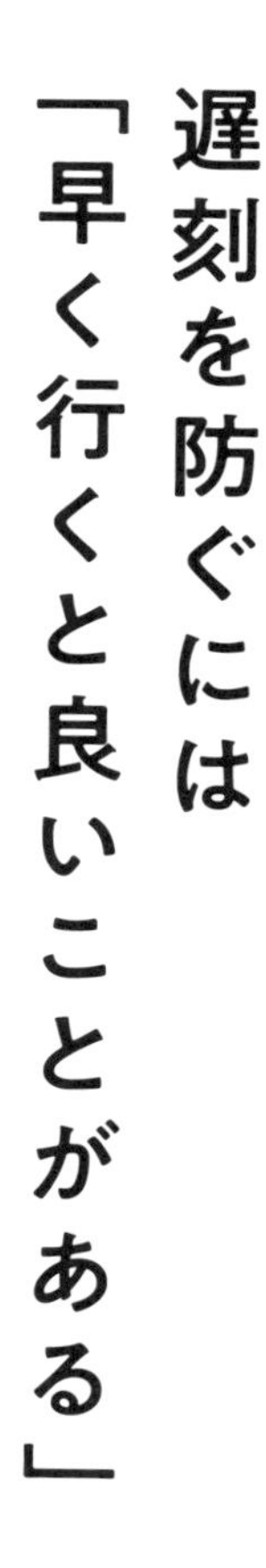

遅刻を防ぐには「早く行くと良いことがある」

結果的に問題がないなら大丈夫

不注意症状を持つ発達障害の子どもは、時間を守るのが苦手なことがあります。

日本は時間に厳しい文化と言われており、子どもが時間にだらしないと、「将来大変よ！」と叱ってしまう大人は多くいます。

しかし、どんなに注意をしても、遅刻をしてしまうので、悩んでしまう保護者も多くいらっしゃいます。

そんなときは、**「時間を守れるようにするのではなく、早く行くと良いことがあるという環境設定をする」と発想を転換してみましょう。**

たとえば、「朝ごはんに好きなフルーツゼリーを出す」「朝、学校に行くと朝の会まで、空き教室でオセロができる」など、「早く行くと良いことがあるよ！」というメリットがあれば、モチベーションが働いてすぐに動くことができます。

一般的に定型発達に求められる時間の概念は、かなりハードルが高いものでもあります。たとえば、「時間を守ることは大切だけど、早く行きすぎても相手に迷惑がかかるから、5分前ぐらいに到着するのが失礼に当たらない」という社会的ルール。

このような**繊細な時間術を身につけることは、人に興味が薄く、周囲の目を気にして、組織のルールを守ることにモチベーションが働きにくいASDの子どもや、「遅刻しても俺が困るだけで、他の人の迷惑になってないんだからいいじゃん」と考えやすい、ADHDの子どもにとっては困難です。**

たとえば、私もADHD、ASD当事者であり、時間を守った行動は非常に苦手でした。また遅刻だけでなく、「遅刻をしても俺が困るだけだし、遅れた分、長く練習すればいいじゃん（残業すればいいじゃん）」と考えて、反省もできませんでした。

今思えば、できないことで怒られ続けた反動なのですが、それだけ特性的に困難なことを身につけることは大変なのです。

しかし、**今では時間を守って行動ができます。**

それは、「その日の仕事先に2時間前に到着して、一番近い喫茶店で本を読む。そして、15分前になったら喫茶店を出て仕事先に向かう」というルーティンを確立したからです。

このように書くと、「そもそもADHDなのに、なぜ2時間前につけるんだ」と疑問に思うかもしれませんが、実は私は「喫茶店で本を読む自分はかっこいい」と思っているからです（ここだけ聞くと変な人ですね）。

そのため、家にいるときに「喫茶店で本を読むか！」とイメージすると、「早く行かなきゃ！」とモチベーションが働いて、さっさと用意をして、仕事に向かうことができるのです。

また、2時間あれば何か忘れ物をしても、途中コンビニで買い足すこともできますし、トラブルに巻き込まれても大丈夫です（ADHDは、なぜかトラブルに巻き込まれることが多いです）。そのため、今では時間に関するトラブルは減りました。

このような、自分に合ったルーティンを確立するために大事なことは、「自己理解」です。**「自分はどんなことにモチベーションが働き、どんな行動が苦手で、できないのか」という自己理解を進めると、自分なりのルーティンをつくることができます。**

特性的にできないことが多い発達障害の人は、自己理解を進めて、得意を活かして、苦手なことは自分に合った環境調整をしたり、カバーする道具を用意し、使いこなすことが大事です。

そのためにも、子どもの頃からの自己理解は、自立にはとても大切なのです。

不注意
支援2

ADHDは怒らないで焦らせる

焦ると動ける

ＡＤＨＤは、ノルアドレナリンという集中力・緊張感に関わる神経伝達物質が人より少ないと言われています。

だから注意力が低いわけですが、「これはやばい！」と焦ると、ノルアドレナリンが出て、実は体が動きやすくなります。

たとえば、「はい、5！　4！　3！　2！……」とカウントダウンすると、焦って体が動きやすくなります。

また、出発時間に間に合わない状況のときは、「先に行くね！」と、子どもを置いていけば、「行きます！　行きます！」と体が動きやすくなります。

このように、**怒るよりも、焦るように声をかけてあげたほうが、無駄に怒ることもなく、ＡＤＨＤの子も体が動けます。**

「怒らないで、焦らせる」という意識は、子どもも大人もストレスを溜めないので、おすすめです。

不注意
支援3

マジックプレイスを見つける

なぜか力を発揮できる場所がある

発達障害の子どもは、好きなことは何時間でもやっているけれど、興味のないことは全然続かない、という特性を持つことがあります。

そんな中でも、まれに「ここだとすごい勉強がはかどる！」、大人であれば「ここはすごい集中できる！」という魔法のような場所が存在します。

私はこれを「マジックプレイス」と呼んでいます。

マジックプレイスが見つかると、そこを拠点に、生産性が上がるので、日常のいろいろな困りごとが解決できることも多くあります。

たとえば、「家では宿題が全然できない子どもも、公民館の静かな部屋の中だとスムーズに宿題ができる」「職場では全然仕事がはかどらないけれど、喫茶店だと、3倍速で仕事が終わる」など、「ここならできる！」という場所を持つケースが多いので、探してみることをおすすめします。

ちなみに、私のマジックプレイスは、「某駅前チェーン喫茶店の、木製4つ足、肘掛けなしの椅子がある座席」です。

不注意
支援4

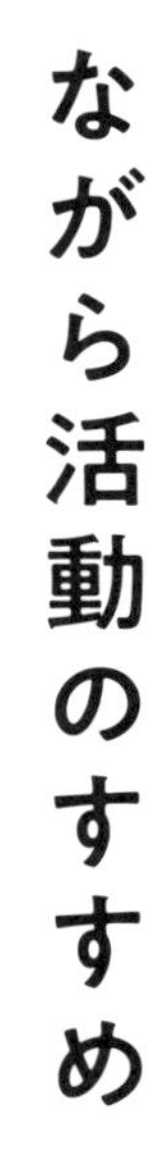

ながら活動のすすめ

切り替えが苦手なら、「同時にやりなさい」

発達障害の子どもの中には、切り替えが苦手な子が多いです。

ゲームやYouTubeに夢中になっていると、「宿題は終わったの？」と声をかけても、なかなか切り替えられません。

そんなときは、「〜しながら、〜しなさい」という「ながら活動」の提案がおすすめです。

ＡＤＨＤの子どもは、刺激がないと頭が働かない特性を持っているため、「YouTubeを見ながら勉強をしなさい」と伝えると、頭が活性化して、宿題もできるようになる子に会うことは多くあります。

ほかにも、「ヘッドフォンで音楽をガンガンに聞いているほうが勉強ははかどる」「（安全な場所で）歩きながらスマホで勉強するとはかどる」という子もいます。

大人から見ると、「『ながら活動』なんて、効率が悪い」と思われるかもしれません。

しかし、**発達障害の脳の個性を踏まえると、実は「ながら活動」のほうが動きやすい子どもは多いので、試してみることはおすすめです。**

不注意支援5

お菓子は買わない

お腹いっぱいなのに
手が止まらない

お菓子は手が止まらない

自己抑制が苦手な発達障害の子どもの中には、「お菓子を見ると食べ尽くすまで止まらない」という子どもがいます。

お菓子が好きな人でも、一般的には、「太らない程度でやめる」「お腹がいっぱいになったらやめる」ということができます。

しかし、**発達障害の子どもは、お菓子やカロリーが高い食べ物に我慢ができず、過集中を起こし食べてしまいます。**

さらに、満腹で苦しくなっても、手が止まらず、目の前からお菓子がなくなるまで食べ続けてしまう、というケースも多いです。

これは、**自己抑制機能が苦手なためであり、意志の力で対応するのは困難です。**

また、途中で保護者がお菓子を取り上げても、癇癪を起こすこともあり、お互いが疲れてしまいます。

そのため、**「最初から、お菓子は買い置きしない」「買うなら、当日分だけ買う」**など家

庭内でルールを決めておくことがおすすめです。

一方、目の前にお菓子がなければ反応しないので、「戸棚の奥に隠しておけばいい」と考える保護者の方もいらっしゃいます。

うまくいくのであれば良いのですが、子どもが、「お母さんはあそこにお菓子を隠しているかも」と、一度でも思ったら、椅子を重ねて、戸棚の奥を探そうと行動力を発揮することもあります。

その結果、椅子から落ちて怪我をする子どももいます。

そんなときは、「最初からお菓子は買い置きしない」「スーパーに行ったときに○円だけ、自分で選んで買わせる。食べたら次の買い物までお菓子はない」などのルールをつくり、ある程度コントロールできるようにしたほうが良いでしょう。

不注意支援6

自分のことは動けないが、誰かのためなら動ける

まかせて
ありがとー
すてきー

親切こそ、力を発揮するチャンス

発達障害には、興味のないこと、モチベーションがないことに対して、動けなくなる、という特性を持つことがあります。

そのため、家事に興味がわかず家が回らなくなる当事者も多いので、モチベーションの設定は大切です。

その1つに、「誰かのためになる場を設定する」という支援があります。

当事者の中には、「自分の部屋は片付けられないが、友達の部屋は片付けることができる」という人がいます。

これは、「誰かのために動く」という事実が1つのモチベーションになることと、「ありがとう」などの感謝の言葉も、強いモチベーションになることも影響しています。

そこで、友達の机を掃除するようにすると、自分の机ではやる気が出なくても、友達の机であれば「誰かのため」というモチベーションが働き、掃除ができるかもしれません。

また、イベントを開いて家で料理をするなど、誰かの幸せのために動ける場を設定すると、彼らの力を引き出せるかもしれません。

その意味で、ボランティアや対人援助職は特性にあっているのかもしれません。

10章

気持ちを落ち着かせる「不安への支援」

不安への
支援1

お守りを持たせる

不安が強いので、安心感のもとになるお守りは大切

不安が強い発達障害の子どもは、1人で登校できなかったり、保護者から離れられなかったりすることがあります。

その際、登校するためには安心感が必要なのですが、たくさんの人がいる学校に向かうとなると、なかなか勇気が出ないこともあります。

そこで、家の中で気に入っているおもちゃや、人形、あるいはすぐにお母さんに電話できる子ども用携帯など、**本人のお守りとなるアイテムを持つことで、勇気が出て登校できるようになる子がいます。**

もちろん、すぐに勇気100%というわけにはいきませんが、お守りを持って、学校の校門、校門から20m離れたところ、50m離れたところ、100m離れたところ……と、毎日、少しずつ子どもと別れる位置を話していき、徐々に慣らしていくことが大事です。

そうすることで、不安なときも、お守りを見て、「お母さん、お父さんが見ていてくれる」と思って、子どもが勇気を出してくれることでしょう。

不安への支援2

嫌なことは書き出す

言語は不安対応の一丁目一番地

発達障害の子どもは、書字が苦手な子が多くいます。

文字が覚えられない、不器用で書けない、文章を思いつけない、など、高い確率で書字の困難が生まれます。

同時にいろいろな支援も開発されているのですが、書字の苦手さに大きく影響を受けるのが、不安の処理能力です。

何か不安があったとき、不安の原因や自分の考えたこと、感じたことを書き出していくことで、不安のもとになった現象を紙の上に視覚化していきます。

すると、現象を自分と切り離して、客観的に見ることができるので、

「怖かったけど、実はたいしたことなかったんだな」

「次はこうすればいいんだな」

というように気持ちを前向きにしていくことができます。

しかし、書き出すことなく、悩んでいる状態ですと、いつまでも自分を客観視できないため、脳内で不安やネガティブな感情が回り続けます。

そのため、書字の苦手さは、不安が解消されない大きな要因の1つであり、また、発達障害の子どもが、「負の体験の記憶が残りやすい」のは、「言語化が苦手だから」という理由もあると推測されます。

そこで、本人に書字を練習させて、自分の気持ちを言語化できるようにする、という支援は重要です。

フリック入力やタイピングでも同様に有効ですし、本人が書けない場合は、周囲の人が文字起こしして、外部化していくのも効果的です。

ただ、タイピングですと、情報の視覚化が難しい内容もあるので、成長していくとともに、PowerPointなど、文字情報を図式化しやすいツールを使って対応することも効果的です。

このように不安や現状を言語化／視覚化することは、感情や思考を整理し、感情コントロールの力を適切に育てるためにも有効です。

11章

ヘルプのサインが
ラクに出せる
「援助要求スキル」

援助要求
スキル1

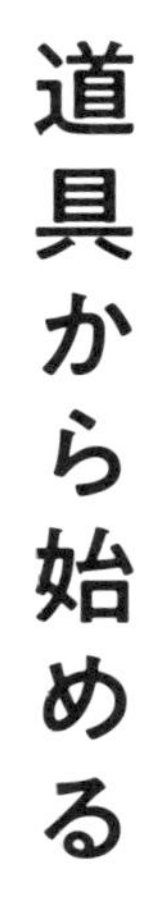

言葉で助けを求めるのは大変

障害者支援では、困ったときに助けを求める力（援助要求スキル）が大事だと言われます。しかし、人と関わることが苦手だったり、話すのが苦手だったりする子どもにとって援助要求は簡単ではありません。

そこで、**ヘルプを簡単に示せる道具／アイテムを使うと、言葉を介さないため、援助要求がしやすくなります。**

明確に、ヘルプと書かれたものでもいいですが、人に見られることに抵抗がある子どもであれば、「田中さんがこの折り紙の風船を机の上に置いていたら、先生が行きますね」と、先生と子どもの間で道具／アイテムの使用について、約束をしておくのも良いでしょう。

このように、ハードルの低い援助要求からスタートして、徐々に自分から声をかけるところまで教えていきます。

援助要求スキル2

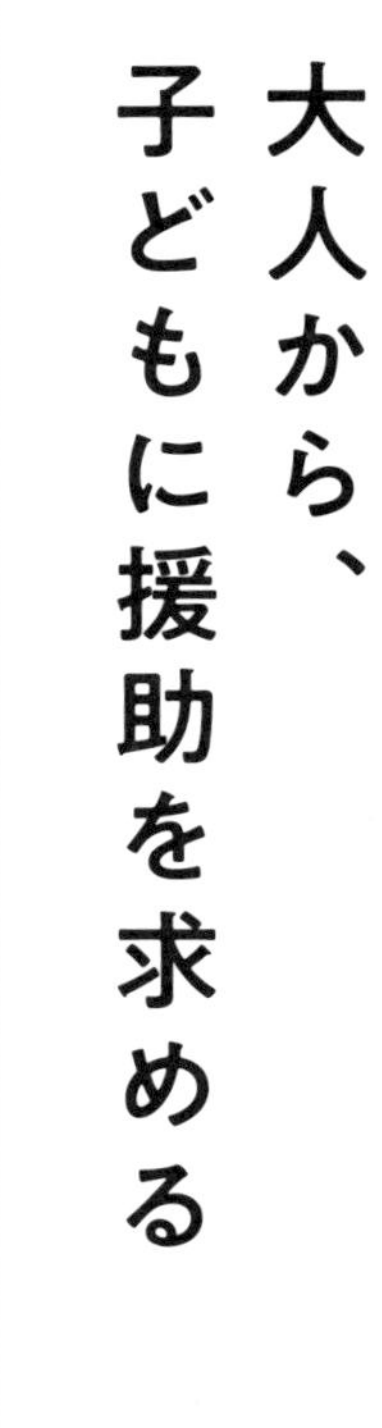

大人から、子どもに援助を求める

自己肯定感を高める＋助けを求めるモデル

発達障害のある子どもは、失敗体験を積みやすく、自己肯定感が下がっていることが多くあります。

そのため、「声をかけても助けてくれないかも」と自信がないことから、援助要求ができないことが多いのです。

そんなときは、**「田中さん教えて！」「佐藤さん助けてくれない？　ありがとう～」と、大人から子どもに援助要求していきます。**

すると、援助を求められた子どもは、「誰かの役に立っている！」という自信がつき、自己肯定感を高めることができます。

また、先生の姿を見て、「ああやって言えばいいのか。お礼も一緒に言うといいのかな」というように、先生を見本にして、具体的な援助要求スキルを覚えていきます。

このように、メンタル面とスキル面の両方からアプローチできるので、大人から子どもに援助を求める関わりはおすすめです。

援助要求スキル3

道具を使っていると、援助要求スキルが育つ

サポート道具があると、伝えやすい

発達障害の人は、能力に凸凹があります。
得意なことを活かすのは大事ですが、苦手な凹部分は、あとでご紹介する自己刺激グッズやアプリなどサポート道具を使ってカバーすることも必要になります。

援助要求が苦手な子どもは、そもそも「どう言えばいいかわからない」という点で、つまずきます。

たとえば、「多動があり、じっとしていられないから、立ち歩きや離席を一瞬許してほしい」などの要求は、感覚的であり、ニュアンスを伝えることが難しいために、伝えられないことが多いのです。

一方、道具があれば、
「これを使っていいですか？」

と伝えやすくなります。

これは、**道具自体に意味があるので、伝える際の説明を補助してくれるからです。**

困ったことがある際に、「何を使えばいいか」というイメージができれば、「○○を使っていいですか？」と子どもも相手に伝えやすくなります。

12章

苦手な刺激が減らせる「感覚支援」

感覚支援
1

自己刺激グッズを持っておく

使うことで落ち着ける

発達障害の子どもの中には、感覚鈍麻と呼ばれる、感覚刺激自体に反応が少ないタイプの子もいます。

感覚鈍麻な子どもは、外から得られない感覚刺激を得るために、自分で動いて刺激を入れる行動（自己刺激行動）が増えていきます。

自分で動いている分にはいいのですが、静かに話を聞く場面や、同級生が集合している場面で、勝手にどこかに行ってしまうと周りは困ってしまいます。そんなとき、その場で適切に自己刺激が入れられる自己刺激グッズを持っておくと便利です。

たとえば、**我慢できず離席してしまう子には、椅子の下にホームセンターで売っている芝生を設置します。**

すると、椅子に座りながら、手で芝生を触っていると落ち着いてくるために、席について先生の話を聞くことができるのです。

海外では、ハンドスピナーなど手に持って、自己刺激を入れる道具をフィジェットトイという名前で販売しています。

感覚支援
2

自己刺激グッズを応用する

好きな刺激を活用する

発達障害の子どもの中には、聴覚過敏や触覚過敏などの感覚過敏を持つ子どもが多いため、イヤーマフやサングラスの利用など刺激を減らす環境調整が求められます。

一方で、「教室の友達が騒いでいる音」「隣の人の体臭」など、状況によっては避けにくい感覚刺激も多くあります。

そこで、**苦手な感覚刺激を減らすことと合わせて、好きな刺激を自分に入れる「自己刺激グッズ」を持っておくことがおすすめです。**

たとえば、イヤーマフをしても騒がしい、あるいは本人がしたくない、という場合もあります。

そんなときは、音楽プレイヤーに好きな音楽を入れて、騒がしいときに、音楽をあえて聞いてみます。

すると、好きな音楽の刺激が優先されるので、結果的に嫌な感覚過敏が和らぎます。

ほかにも、嗅覚過敏であっても、自分の好きな匂いの香水をつけていると、そちらが優先されて匂いが気にならなくなります。

13 章

好きなことから能力を高める「運動支援」

運動支援
1

好きなことのために歩く

運動だと思わない運動が大事

発達障害の1つに、発達性協調運動症（DCD）があります。不器用さを持つ子どもであり、人口の5〜8%が該当すると言われています。

小さい頃は運動や外遊びが好きでも、同年代の子どもと遊ぶ中で、徐々にスポーツで成功体験を積めず、運動をしなくなる発達障害の子どもは多くいます。

運動不足は健康に直結しますので、「運動しましょうね」と、いろいろ言われますが、思春期〜学生時代は、行動に移せるケースは稀です。

そんなときは、「好きなことを使って歩く」というのがおすすめです。

スポーツはやりませんが、新作ゲームを買うためなら、隣駅まで歩く子どもは増えます。

「隣の県でやっているアイドルのライブを見に行く」「好きな電車を見たいから、乗り換え3つ経由して目的地まで行く」などは平気でやります。

このように、好きなことを見つけて歩く機会をつくることが、結果的に運動不足解消になっていきます。

運動支援
2

ホワイトボードに書くことのすすめ

壁に書いて手の発達を促す

発達障害の子どもは、手首が硬いために鉛筆を握り込んでしまうことがあります。

握り込んでしまうと鉛筆の先が見えず、うまく書けなかったり、手に負担がかかったりして疲れてしまい、書くことを嫌になってしまう子もいます。

そんなときは、**ホワイトボードや黒板など、垂直の壁に文字を書く経験を積むのがおすすめです。**

水平な机の上と異なり、垂直になると、角度をつけなければいけないため、ペン先が自然に上を向くようになります。

そのまま書いていくと、手首も柔軟になり、少しずつ三つ指でペンの操作をできるようになっていきます。

黒板でもいいですが、チョークは力を入れると折れてしまうことも多いため、水性ペンでホワイトボードに書くと安全かと思います。

14章

多方面からのアプローチで可能性が広がる「学習スキルへの支援」

学習スキルへの支援1

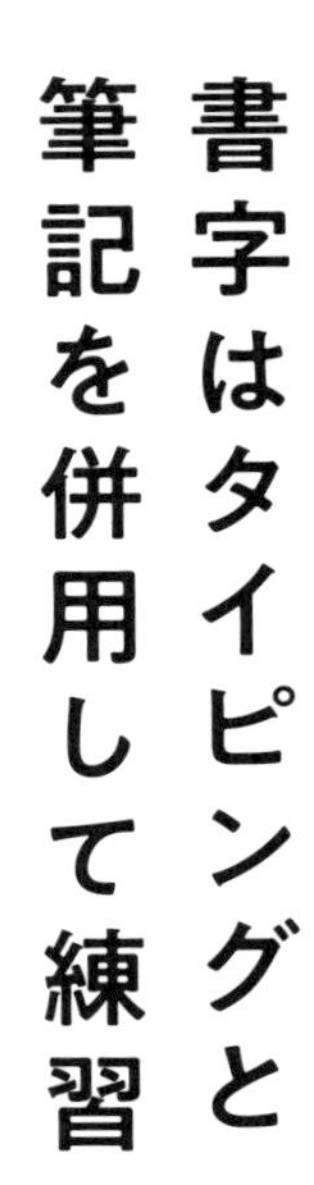

書字はタイピングと筆記を併用して練習

タイピングは何を鍛えているのか？

さきほどもお伝えしたように、発達障害の子どもは、書字の苦手さを持つことが多い傾向があります。

原因はさまざまですが、鉛筆で文字を書くという作業は、認知的にも作業的にも負担が大きく、勉強が嫌になったり、二次障害にもしばしばつながります。

そこで、「書けないならタイピング／フリック入力でいい！」と、小学生からタイピングの練習を始める子どもも増えています。

ただし、これも迷う保護者の方は多く、「このまま一生鉛筆で書かないのは流石にダメじゃないか？」「入試とかも鉛筆だろうし、合理的配慮が使えるかわからない」「タイピングはいつでもできるし、ギリギリまで鉛筆で練習したほうが……」など、いろいろ悩まれます。

そんなときは**「鉛筆とタイピングを両方練習しましょう」とお伝えしています。**

また、勉強が嫌になるぐらいなら、タイピングに振り切ったほうがいいですが、発達初期はいろいろなスキルを練習したほうが、その後に役立つ部分も多いため、できるなら両方練習するのが良いでしょう。


ちなみに、**私も鉛筆での筆記は苦手でした。**

あまりに苦手なので、夏休みの読書感想文は、最後まで抵抗して出さず、先生があきらめるまで逃げたこともあります。

しかし、現在、このように本も書けていますし、実は手書きの手帳を使っています。

小学校で担任の先生をして、黒板に書いて授業をしていたこともありました。

なぜ、書字が苦手なのに、今では書けるのでしょうか？


これは、通常と逆の発達を経験したことがあります。

私は、書字が苦手だったのですが、当時住んでいた県の県立高校の試験は、ほとんど選択式問題だったので、文章を書く必要がなく乗り切ることができました。

また、大学入試も共通テスト（当時はセンター試験）の配点が多い大学だったので、すべてマーク記入式のテストで助かりました。なお、記述式問題の多い私立大学は軒並み落ちてしまいました。

そうして、大学入学まで、とんと筆記はできないままきてしまったのですが、入学後は、レポート作成のために、大学のパソコンを使うようになりました。

現在の子どもとは状況が違いますが、当時はパソコンに触る機会は多くなく、私がパソコンに本格的に触るようになったのは、大学入学後からなのですが、タイピングを打って文章を作成する中で、あまりの負担のなさに感動したことを覚えています。

毎日レポートを書いていると、頭の中で「文章の構築能力」がどんどん成長していきました。

そして、大学生後期になると、文章は頭の中でスムーズに構築できるので、私自身は「文字を綺麗に書く」ということだけに、一点集中することができるようになり、拙いながら文字を書くことの抵抗感が減っていきました。

もともと、文章を書けないのは、「不器用で文字が思い通りに書けない→線を引くことで頭がいっぱい→文章の内容まで頭が回らない」という理由からでした。

しかし、タイピングを経験したことで、文字の形を気にせず、文章の内容だけに脳のリソースを注力することができたので、「文章の内容をスムーズに考える→鉛筆で文字を綺麗に書くことだけに集中する→文章が書ける」という発達段階を経て、書字能力が向上したのです。

子どもの頃は体も小さく、鉛筆の操作自体が大変でしたが、大学生の頃は体も大きくなり、子どもの頃ほど手に負担が掛からなかった影響も大きいと思います。

このように、発達障害は、一般的な子どもとは異なる発達を辿ることが多いので、大人から見ると、そわそわして、「なんとかしないと！」と焦ってしまうことも多いと思います。

しかし、**私の書字のように、今できることに注力して能力を発達させると、巡り巡っ**

て、後から結果的にできるようになる能力もあります。

「今なんとかしないと！」「大人までに自立させないと！」と焦る気持ちもわかりますが、人によって発達の順番はバラバラという事実を考えて、苦手が大きい箇所は、最低限にして、「今できることに注力する」、という方法も知っておくと心の負担も少し減るかもしれません。

学習スキルへの支援2

間違いは大人が消してあげる

間違いが目の前にあるストレスを減らす

発達障害の子どもは、学習に困難を抱えるケースが多いですが、特に、問題を間違えると、「もうやだ！」と癇癪を起こしたり、投げ出したりしてしまう子は多いです。

その要因は２つあります。

１つは、間違えたというストレスに情緒が耐えられないとき。

もう１つは、「消しゴムでうまく消せない」というストレスです。

間違えたことも嫌なのに、不器用さがあると消しゴムでうまく消せず跡が残り、目の前に失敗の証が残るとメンタルへの連続攻撃が続きます。

これは、彼らには耐え難いストレスを与えます。

そこで、間違えたときは「大丈夫だよ」と言って、大人のほうで跡が残らないように消してあげると、ストレスが軽減されて、勉強を続けることができます。

「甘やかすのか？」と思われるかもしれませんが、そのサポートだけで勉強の時間も量も増えて成功体験が積めて成長するなら、大人が消しゴムで消してあげるメリットは大きいと思います。

学習スキルへの支援3

勉強は予習する

予習をするから、学校の授業が無駄にならない

発達障害の子どもは、その特性に加えて、運動や学習にも苦手なことを持ちます。

そのため、授業中に内容が理解できず、先生が個別に教えたり、復習で勉強時間が増える傾向があります。


もちろん、補習はありがたい支援と言えますが、その場合は、先に予習をしておくという方法もあります。


たとえば、明日、理科で虫の生態を勉強するなら、事前に教科書を読んで、YouTubeで虫の生態を先に勉強しておきます。

小学校の内容であれば10分程度で終わります。

そうして、先に内容を知ったうえで授業を受けると、「これ知ってる！」と授業のモチベーションが上がります。

また手を挙げて答えて成功体験を積むことも増えるので、授業時間が無駄になりません。

頭の良い子は、復習のほうが効率的でしょうが、授業理解に課題がある発達障害の子どもは、予習という方法も合わせて計画してみましょう。

15 章

集団でも戸惑わない「コミュニケーション支援」

コミュニケーション
支援1

会話をするときには、主語を省略しないで話す

誰が何をしたのかを明確にすると、見通しが持てる

自閉スペクトラム症（ＡＳＤ）がある人は、想像力の苦手さがあるため、曖昧な指示が苦手です。

そのため、主語を省略して、「あれ持ってきて」「この前の終わった？」と主語を省略して話しかけると、「何のこと？」と混乱してしまいます。

そこで、「田中さん、漢字ドリルを先生まで持ってきて」のように、誰が何をするのか、省略しないで伝えることを意識すると、スムーズに伝わりやすくなります。

日本語は、主語の省略が起こりやすい言語なので、ＡＳＤ特性があると、特に話が伝わりにくくなります。

また、周囲の人も「話が伝わらない」「頭が悪い」など、心ないレッテルを貼ってしまいます。

省略して話すことに慣れている多くの人は、慣れないかもしれませんが、コミュニケーションの多様性だと考えて、対応することで、すれ違いを防ぐことができます。

コミュニケーション支援2

主体と客体は、実際にロールプレイで伝える

◯ おばあちゃんが、孫にプレゼントを（？）

◯ 孫が、おばあちゃんからプレゼントを（？）

「〜する」「〜される」は間違いやすい

ASDの人は、相手の立場に立って考えることが苦手、という特性があります。

そのため、「行く／来る」「渡す／受け取る」、など状況によって、立場が入れ替わるような言葉は、脳内で相手目線になることが必要なため、混乱して、コミュニケーションミスが起こりやすくなります。

そこで、主語をつけると同時に、

「佐藤さんは、田中さんからノートを借りる――田中さんからは佐藤さんに、ノートを借す」

「佐藤さんは、田中さんの机まで行く――田中さんは佐藤さんの机まで来る」

などの**立場が入れ替わる言葉は、実演を通して教えていくことで、意味がわかり、徐々に理解できるようになります。**

他にも、「見る／見られる」などの「れる／られる」は、作文などでも間違いが増えるため、練習することはおすすめです。

コミュニケーション
支援3

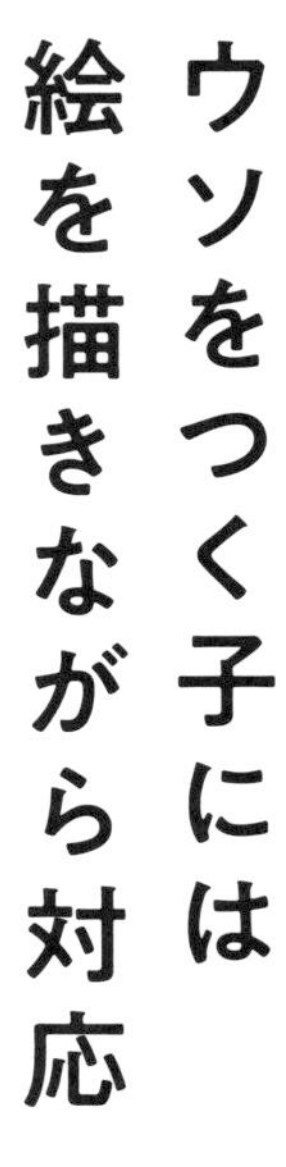

ウソをつく子には絵を描きながら対応

ウソをつくより、さっさと謝るほうが得である

衝動性が高い子どもは、「知りません」「やってません」とついウソをついてしまうことがあります。

大人が対応しきれず、「ウソをついて逃げられた」という成功体験を積んでしまうと、将来を考えると良いことではありません。

そのため、**トラブルが起きたときは、発言を簡単には鵜呑みにせず、1つひとつのヒアリングを大切にしましょう。**

もちろん、正直そうな子に肩入れもせず、中立な立場で聞いていきます。

そのうえで、ホワイトボードやノートに書いて話の内容を整理しながら聞いていきます。「これはごまかせない」と感じてくれれば、「すみません」と謝罪をして、反省することができます。

大人は、「ウソをついたら損をする」「正直に謝るのが一番得」ということを教えてあげることが大事です。

コミュニケーション
支援4

支援者の通訳スキルは重要

通訳は喋らない

コミュニケーションスキルが低い子どもは、ときにすれ違いが原因で揉めることがあります。そんなときは、大人が間に入って通訳になると良いでしょう。

通訳のルールは、「①子ども同士で話させる。②大人の意見は極力言わない」という2つです。

まずは、各々の主張を話させてあげましょう。

そして、Aさんが喋ったら、「Aさんはこう言ってるけど、Bさんはどう思う？」「Bさんは、こう聞こえたんだって、Aさんはどう思う？」と、あくまで意見を相手に受け渡すことに注力します。

子ども同士で話せないことが課題ですので、間に大人が入って「こうすればいいでしょ！」と提案しても、解決力は身につきません。

子どもの喧嘩に安易に出て行く前に、まずは通訳として関わってあげましょう。

子ども同士がお互いが考えていることをすべて出し合って、それでも解決しないなら、大人から折衷案を出してあげましょう。

コミュニケーション支援5

複数人の会話についていけない子へのアイテム

ノイズキャンセリングは汎用性が高い

発達障害の子どもは、1対1での会話はスムーズですが、複数人の会話になると、途端に参加できなくなる子がいます。

これは、**ワーキングメモリが低くて複数の会話情報を覚えていられない、聴覚過敏で複数の音声情報を過剰に拾ってしまう、などの能力的な背景が要因です。**

このようなときは、ノイズキャンセリングのイヤホンがおすすめです。

メーカーにもよりますが、基本的にノイズキャンセリングは、雑音を消して人の声だけを拾ってくれる機能です。

そのため、友達の声だけに集中して、ワーキングメモリの低さや、聴覚過敏の影響を減らしてくれます。

反対に、集団の声が苦手という特性の場合は、使わないほうが良いと言えます。

発達特性をサポートしてくれる道具は、その場で課題に対処できるので、当事者は必須であると言えます。

コミュニケーション支援6

複数人の会話についていけない子は質問をするチャンス

複数人の会話についていけないのはチャンスでもある

複数人での会話についていけない発達障害の子どもは多くいます。

集団で話す場合は、全員が知っている話題が選ばれる傾向があります。

たとえば、「同級生について、好きな子について、スポーツについて、流行っている音楽について」など、多くの子どもが好きな話題です。

そのため、**興味関心が偏ることが多い、特に人間関係に興味が薄い子は、話題に興味が持てず参加できなくなるのです。**

特に、グレーゾーンの子どもたちは、定型発達の子どもと一緒にいることが日常のため、「ちゃんと会話に参加したい」と悔しい思いをしている子もいます。

そんなときは、質問スキルを覚えるチャンスです。

「それ知らないから教えてくれる？」「今、何について話しているの？」と素直に知らないことを伝えて聞いてみることを提案します。

質問スキルは生涯にわたって会話時に役立つスキルですので、チャンスを活かして教えましょう。

コミュニケーション
支援7

自己紹介の練習をしておく

最初に自分のことを伝えておこう

小学校中学校は、周囲に見知った人が多いかもしれませんが、義務教育以降は、高校・大学・アルバイト・就職・就労支援・グループホームなど知らない人だらけの場所に行くことになります。

そんなときに、**自分の得意なこと、苦手なこと（配慮してほしいこと）を最初に自己紹介することで、周囲の理解も早まり、サポートしやすくなります。**

「名前や出身、好きなこと、性格、これだけは配慮してほしいこと」などを1分程度で伝えられるように文章を作成して、スピーチの練習をしておくと、さまざまな場面で役に立ちます。

中には、重いカミングアウトを入れそうになるケースもありますが、短時間の自己紹介では収まりませんので、まずは必要最低限の内容を、大人と考えていくと良いでしょう。

必要な配慮を最初に理解してもらうことで、本人だけでなく、周囲の人も過ごしやすくなります。

16章

ルールや仕組みを認識させる「社会性への支援」

社会性への支援1

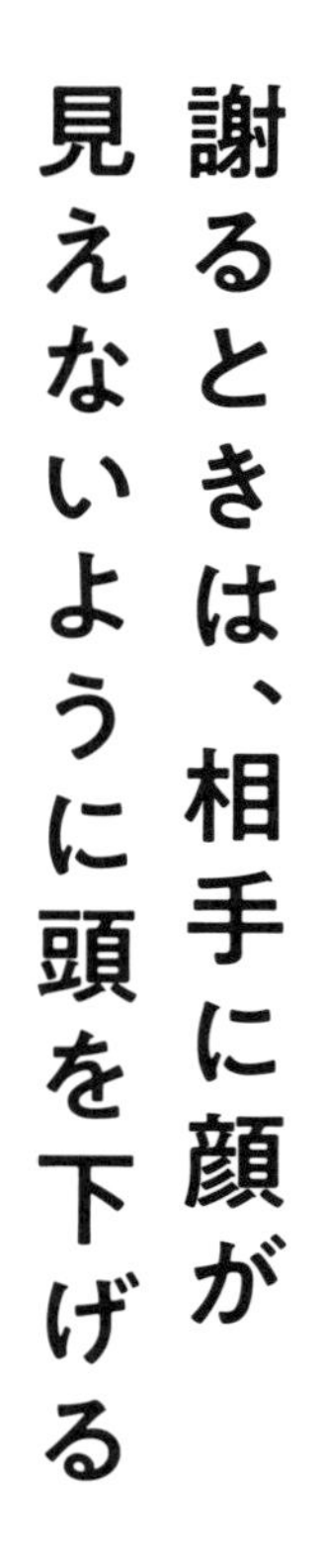

謝るときは、相手に顔が見えないように頭を下げる

謝罪の気持ちを伝えることは難しい

フォロースキル（謝る／訂正する）を覚えて、子どもの頃に謝ることを覚えると、将来に生きてきます。

しかし、**発達障害の子どもの中には、「ヘラヘラ笑いながら謝る」「謝っているのに、なぜかニヤニヤしている」というケースがあり、余計に怒られてしまうことがあります。**

これは、「人に迷惑をかけても平気な心を持っている」というわけではなく、何度もミスを繰り返す中で、「常にヘラヘラしているダメな人間と思われているほうがメンタルがラク」という誤学習から獲得した行動だと考えられます。

本人のメンタルにも負荷がかかっているので、支援が必要とも言えます。

そのようなときは、**顔が相手に見えないように頭を下げて謝る、という工夫が大事です。**相手に顔が見えなければ、ヘラヘラは伝わらないですし、反省の気持ちが伝わりやすくなります。

人間関係は難しいですが、「謝罪の気持ちの伝え方」というのも覚えると役に立つことがあります。

社会性への支援2

平等を意識して声をかける

平等だけど、平等じゃない世の中

自閉スペクトラム症（ASD）の子どもは、人に興味が薄いと言われますが、逆に特定の人を特別扱いすることも少ないため、「人はみんな平等」という『平等意識』が強いと言えます。

そんなASDの子に対して、「掃除をしましょう」「宿題はちゃんとやって」といった一方的な声かけは、「なんで、同じ立場の先生が、命令するの？」と納得できずに、ストレスを溜めてしまうことがあります。

そこで、「お父さんは右側の窓を拭くから、太郎は左側の窓を拭いてね」「お母さんは、通信講座で勉強をします。次郎も、学校の宿題をやりましょう」「先生はみんなのために良い授業をしたいので、毎日10時に寝て、6時に起きています。みんなも、次の日のために9時までにはゲームをやめて、寝ましょうね」など、「私もやる、だからあなたもどうですか？」という提案は、平等に感じて納得しやすいため、スムーズに受け入れてくれることが増えます。

社会性への支援3

『平等意識』が共感を邪魔する

共感とは片方に肩入れすること

『平等意識』が強いＡＳＤの子どもは、対人関係へ影響します。たとえば、「昨日、先生に怒られた！」と話しかけられたときに、共感性の高い子どもは、「それは大変だったね！」「先生、ムカつくね～」と相手の気持ちに共感することができます。

しかし、『平等意識』があると、「いや、先生にも事情があったんじゃない？」「あなたも何かダメなことしたんじゃない？」と、共感ではなく、相手側に肩入れをしてしまうのです。

発達障害の子どもと会話をするときには、「共感」することが大事だと伝える支援者はいます。その際に、共感とは「相手の立場は一旦無視して、１００％味方をしてあげること」「もしかしたら、その人も悪いかもしれないけど、最初は『大変だったね』と声をかけてあげる」と説明します。

共感というのは人間関係の中では重要ですが、フラットに見たときは意外と「あれ？」と思うものです。このように**人間関係には『不平等意識』が重要であることを説明すると、すんなり理解をしてくれることもあります。**

社会性への支援4

上下関係の仕組みを教える

組織の中と組織の外では別世界

『平等意識』が強い子は、「上下関係を感じ取れない」という特徴を持つことがあります。

いわゆる、組織のルールは、主に、「リーダー／サブリーダー／スタッフ」の3階層があるということです。

「リーダーは、下に指示をする／サブリーダーは、指示をスタッフに伝えて実行させる／スタッフは指示を聞いて実行する」という3つです。

社会性がある人は、無意識にこの上下関係のルールを意識して動きます。

しかし、『平等意識』が強いと、この上下関係を感じ取りにくいため、アルバイトなのに社長に文句を言う、飲み会で本当に無礼を働く、など組織のルールを阻害する行動をとります。

もちろん、ハラスメントなど確実にアウトな行動であれば賞賛されますが、普通に社長の指示を「そのやり方はダメだと思います」と言って指示に従わないと、すぐに怒られます。

本人は「正しいこと」をしているつもりでも組織全体で見ると、流れを止めるマイナス行為になるわけです。

この平等意識は、社会正義が重要になる活動（マイノリティ当事者団体など）では効果的に働くこともあります。

その一方で、一般的な組織ではルールを守らない厄介者になってしまいます。

よって、上下関係を含めた組織ルールを解説すると、「そういうことだったのか」と人の行動の意味を理解できるようになることがあります。

また、「学校の規則が意味わからない」と不登校になる発達障害の子も多くいます。

そこで、**組織のルールを守って動くことのメリットと、納得できない場合の対処法（パワハラを見つけたら誰に連絡するのかなど）を一緒に教えることで、ストレス対処能力を高めることができます。**

そのうえで、組織的な活動がどうしても合わないというケースがあるので、学校ではなく、フリースクールや会社ではなく個人事業主など、そのほかの道を探していくことも必要です。

発達障害の子どもと話すときは、何に理解できなくて、何に怒っているのかわからないことがあります。

そのようなときは、組織のルールや上下関係などを含めた、「定型発達研究」が有効な場面が実は多いのです。

17 章

興味がないことでも取り組めるようになる「モチベーション支援」

モチベーション
支援1

やりたくないことを教えるときは対価を出す

給料が出ない仕事をする大人はいない

「うちの子は、好きなことはしますが、やりたくないことは嫌だとわがままを言います」という悩みを持つ保護者は多くいます。

こんなときは、「本人がやりたくないことをさせたいときは、ご褒美を用意する」という意識が大切です。

しかし、**ご褒美作戦を提案すると、「ご褒美がないと、やらない大人になったらどうするの？」と心配されるケースもあります。**

もちろん、好きなことを生かして成長させることは大事ですが、今の世の中は、好きなことだけをして生きていけるほど、成熟していないと私は考えています。

特に、発達障害の子どもは、興味関心が特定の分野に集中しているため、自立に必要なスキルにモチベーションが働かないこともよくあります。

よって、興味のあることはどんどんやらせる。

一方で、興味のないことをしてほしい場合は、たとえば、「夕飯の準備を手伝ってくれたら、明日の分のチョコボールをゲット！」など、ご褒美を設定することが大切です。

大人は「ご褒美はけしからん」と思う人が多いですが、もし、今やっている仕事が「給料がなくなりました。無償でやってください」と言われたら、誰もやらないでしょう。

子どもも同じです。

世の中好きなこと以外にも、やったほうがいいことがあることは、大人も子どももわかっています。

だから、能力の高い子どもは、興味は関係なしに取り組んでいる子どもも多いです（学校に来るなども代表的な事例です）。

しかし、発達障害の特性がある子は、興味のないことには、体が動きません。

これは身体の反応なので、何をどう説得しようが動きません。

それならば、「～をしたら、ご褒美をゲット」というモチベーションの源泉を外部に設定するほうが、子どももやる気が出てスムーズに動けます。

また、成功体験も積めるので、自己肯定感を高めることができます。

「でも、ご褒美がなくなるとやらなくなるんじゃないですか？」と聞かれますが、当然ご褒美がなければやらなくなります。

しかし、**一度覚えたスキルは残ります。**

将来1人暮らしをしたり、働き始めたときに、「昔、家で料理つくったり、洗濯したりしたな～」と思い出せればいいのです。

モチベーション
支援2

条件を釣り上げられたら、課題レベルも釣り上げる

報酬と対価は常にバランスを意識する

ご褒美があれば動いてくれる子どもも、慣れてくると「お小遣いアップしなきゃやらない！」「お菓子もう1つちょうだい！　じゃないとやらない！」と、交渉して条件を釣り上げてくる子どももいます。

そのため、ご褒美を設定したら、条件を上げてきて困る、というご相談もあります。

確かに、もし条件を飲んでしまうと、子どもに主導権を取られて、どんどん暴走し始めることが予想されます。

そのときは、**「課題レベルも上げてバランスを取る」ということが大切です。**

たとえば、「宿題やるから、お小遣い500円から600円にUPして！」と言われたら、「じゃあ、宿題＋ドリルを毎日1ページすればいいでしょう！」と要求に見合うよう課題も上げて返事をしてみましょう。

この場合は、課題と報酬のバランスが取れるので、保護者もイライラしないですみます。

また、子どもも「お母さん手強いな！　思い通りにいかないぞ！」と迂闊に動かなくなります。

その結果、「じゃあ今のままでいいや」となっても、「その条件に乗った！」でも、バランスが取れているので、問題ありません。

何より、**自己の条件に対していろいろ考えているので、課題解決能力が育つことが大きいです。**

子どもが生意気になって困る、という意見もありますが、このように、人との交渉を楽しんで子育てに向き合うことが、最も子どもの成長につながるのではないでしょうか？

18 章

ピンチのときの
助けとして
活用できる
「アプリ支援」

アプリ支援1

マップアプリの使い方は覚えておく

見通しが崩れたときの対処法を教えておこう

「見通しがないと不安」というASDの子には、細かく、明確に伝えることが大事です。

しかし、通学中にトラブルがあると、呆気なく見通しは崩れてしまいます。

そんなとき、「マップアプリの練習」はおすすめです。

マップに目的地を入力すると、音声ガイダンスに沿って案内してくれる有能アプリです。

もちろん練習は必要です。

一緒に、近所の公園など近い場所から設定して、行ってみる。

慣れてきたら徐々に遠くに設定をしてみましょう。

困ったときに「こうすればいい」と、次の手を持っておくことは情緒の安定にも大切です。援助要求が大事と言われますが、これは信頼できる相手に限定されます。

そのため、**人に援助要求する前に、アプリなどICTツールで自己解決を試す、それでも無理なら人に聞く、という2段階にすると、不安の減少にもつながります。**

このような、対人関係の苦手さがある前提で教えていくことも重要です。

アプリ支援2

カメラアプリの使い方を覚えておく

困ったらカメラで写そう

発達障害の子どもの中には、「検索」が苦手なケースがあります。

たとえば、宿題でわからない漢字があるのでタブレットで調べようとしても、「漢字が読めない＝入力の仕方がわからない」という状況になります。

その結果、「もう宿題しない」とあきらめてしまいます。

そんなとき、「カメラアプリ」を教えておくと効果的です。

最近のカメラアプリは、画面にかざすと、そのまま文章を読み取ってネットで検索してくれる機能が充実しています。

この機能を知っていれば、わからない漢字や英単語があっても、カメラでサッと写して検索して、答えを確認することができます。

マップアプリと同じで、困ったとき、すぐに人を頼るのではなく、このような簡単に調べて解決できるツールの使い方を覚えることで、自信をつけると同時に、それでも困ったら人に頼ることで自己肯定感を上げつつ、援助要求へのハードルも下がるのでおすすめです。

アプリ支援3

メモ帳としてのカメラアプリ

ワーキングメモリの低さをツールで補う

ワーキングメモリ（その場で記憶し作業する力）の苦手さ持つ発達障害の子どもは、「メモの練習」をすることがあります。

メモできれば、ワーキングメモリの負担が減るため、学校・職場で適応的な行動が増えます。

一方、メモは、適切に聞いて／要点を絞って／素早く書く、と意識するポイントが多いため、苦手な当事者も多いです。

そんなときは、**指示をカメラで記録するほうがうまくいくことがあります。**

明日の予定を連絡帳にメモするよりも、黒板の予定をカメラで撮影するほうが、確実に記録ができます。

基本的に、発達障害の支援において、練習してできることを増やすことは大事ですが、苦手なスキルから覚えるのは大変です。

反対に、カメラで記録する、それができたらメモの練習をする、など簡単なスキルから覚えて、徐々に難しくしていくほうが、自己肯定感を下げずに成長することができます。

19 章

適切なアプローチで行動できる「異性関係支援」

異性関係
支援1

恋人に至るステップを教える

いきなり告白してもうまくはいかない

発達障害の有無にかかわらず、思春期には、異性に興味を持つ子どもが大半です。

そんな中、社会性・対人スキルに課題のある子どもは、好きな人ができても、どうアプローチしていいかわからないことがほとんどです。

多数派の子どもたちは、友達同士で相談したり、大人や先輩にアドバイスをもらったりしながら、覚えていきます。

しかし、そのような頼れる人が少ない**発達障害の子どもの場合、「いきなり告白して振られる」という現象が起きます。**

また、「なんとか話しかけようと付きまとって事件になる」など、トラブルにつながるケースも残念ながらあります。

トライアンドエラーで学習できれば良いのですが、失敗しても適切に振り返ることが難しいために、思い通りにいかないストレスが、ストーカー行為や加害行為などに変化してしまう子も存在します。

そこで、恋人に至るステップを視覚化して、提示することで、具体的なアクションが明確になります。たとえば、

①会話をする（そのために身だしなみを整える）
②仲良くなる（そのために日頃から親切にする、話題をリサーチする）
③LINE／SNSを交換する（そのために、ネットリテラシーを学ぶ）
④デートに誘う（そのために、デートの事前準備と計画をする）
⑤デートをする（そのために、プレゼントをリサーチして購入する）
⑥3回目のデートで告白する（③〜⑤を繰り返し、習熟する）

一例ですが、このようにステップを明確にして、視覚化すると、自分がどの段階で失敗しているのかを理解できるので、

「今は、身だしなみを整えよう」
「今の流行を調べよう」
「印象を良くするために、勉強を頑張ろう」

など、取り組むべきことに集中できるようになります。

「何をしていいかわからない」が最もストレスがたまり、行動の悪化にもつながります。

そのための対人関係の視覚化支援は大切です。

異性関係
支援2

推し活は大事

人生を豊かにする「推し活」

恋人になるステップを教えると、健全な努力・行動が増える一方で、やはりうまくいかずに、「恋愛は向いてない」と落ち込んでしまい、不安定になる子どもがいます。

そのようなときは、「推し活」を推奨します。

もともと、興味関心が強く、自分なりの趣味を持っている子どもが多いので、「推し」がいれば、気分を切り替えることができます。

電車・戦国武将・ディズニー・アイドル・アニメなどなど、推しがいると人生にハリが生まれますし、仲間も増えます。

また、好きなものは、金銭を使うとより良いものが手に入ります。

だからこそ、「バイトを頑張ろう」「週末はイベントに行こう」と、モチベーションにもなります。

思春期で不安定な時期だからこそ、「エネルギーの適切な注ぎ場所」を明確にすることが大事ですし、悩むなら、「推しは誰か?」で悩みましょう。

異性関係
支援3

適切な発散の仕方を覚える

自慰行為の獲得は重要

恋愛がすべてではない、推しは大事、と大人が力説をしても、子どもによっては、自分の性的欲求のコントロールが難しい子どももいます。

そんなとき、計画的に自慰行為を教えることは重要です。

同性の両親、学校の先生、施設の職員などの大人から指導をするのが良いでしょう。障害者の性教育というテーマでいろんな教材もありますが、まだまだ自慰行為を計画的に教える場所は少なく、中にはまったく教わらないまま成人になるケースもあります。

問題がないなら良いですが、多くの場合は、性的欲求の我慢は情緒に影響を与えます。場合によっては、自慰行為を円滑にするグッズを使ってみるのも良いでしょう。

自分の性的欲求を自分でコントロールすることが、結果的には、安定した生活にもつながります。

「どこかで自分で覚えるだろう」ではなく、適切なタイミングで介入できるように、早期から誰がいつ教えるかを共有しておきましょう。

おわりに　困ったら「怒る」より「アイデア」を出そう

最近、私の価値観を変えなければいけないと思う出来事がありました。

私が子どもの頃は、はじめは弱い主人公の勇者が困難を乗り越え修行し、仲間と一緒に成長し、不可能と思われた魔王を倒す、という王道成長ストーリーの漫画やアニメがたくさんありました。

だからこそ、私自身も、「努力は大事」「あきらめないことが大事」「自分は大器晩成のはず」など、自分を励ましながら、辛いことを乗り越えてきました。

ところが最近、漫画が読めるアプリを見てみると、「異世界転生」系の漫画ばかりになりました。

読んでみると、最初から不思議な能力を持っていたり、前世の力をそのまま使えたりするため、「努力して成長するパート」がほとんどありません（詳しくないので間違っていたらすみません）。

「果たしてこれは面白いのだろうか？」と疑問を持っていたのですが、若い人の感想は、おおむね好意的なようです。

「これは若者との世代の違い」なのだと私は感じました。

前世ではうまくいかなくても、異世界では前世の力をうまく活用して、自分のポジショニングを見つけて、楽しく幸せに過ごしているのです。

つまり、無駄に努力をするのではなく、自分が元々持っている力を、自分に適した場所・環境を見つけて、上手に生かすことのほうが、今は重視されている時代なのではないか、ということです。

私が親しんできた昔ながらのスポ根の価値観は、感動的な一方で、努力が報われた成功者の視点しかないとも言えます。

この価値観のままでは、「できないのは努力が足りないからだ」という視点にしか立てないと思います。

そうではなく、「子ども一人ひとりがそれぞれ力を持っている」。

その力を見極めて、適した環境の中で、育てていくほうが成長は早いと思います。

こうした異世界転生系の漫画を読みながら、自分の価値観の古さを自覚し、少しでも時代に追いつこうとする、そんな日々です。


本書では、66の支援のアイデアを紹介しています。

役立つものもあれば、この支援は古いのでは？　と思われるものも、もしかするとあるかもしれません。

子どもの成長は多種多様ですので、本1冊でなんとかできるものではありません。

しかし、本書を書く際にメッセージとして伝えたかったことは、「困ったら怒るよりアイデアを出そう」というものです。

発達障害の子どもは、「なんでできないの？」と能力的にできないことで、叱られやすいです。

しかし、叱ってもできないものはできません。

だからこそ、「できないなら、どう工夫するか？」が大事になるわけです。

大人はあきらめてしまうと、安易に怒ってなんとかしようとしてしまいます。

私も現場や仕事でニッチもさっちもいかなくなり、怒りそうになることがしばしばあります。

しかし、イライラしてもそれを子どもにぶつけないで、「だったらこうしてみよう」と、アイデアを考えることで、乗り越えられるかもしれません。

思いつかないときは、本書でも、別の本でもネットでもＡＩでも情報を集めましょう。そうして、試行錯誤する癖がつくことで、怒らないで子どもを育てられる支援者になれると信じています。そんな、メッセージが伝われば幸いです。

本書を書くにあたって、多くの方に協力をいただきました。

研究会のメンバーには日々たくさんのアイデアをいただいており感謝しています。

また、大和出版の岡田祐季さんには、筆不精な私にあきらめず関わり続けていただきました。ありがとうございました。

最後に、いつも暖かくサポートしてくれる妻と息子に感謝を伝えたいと思います。

皆さんのご協力で本書を世に出すことができました。改めて感謝申し上げます。

前田　智行

「できる」が増えて「自立心」がどんどんアップ！
発達障害＆グレーゾーンの子への接し方・育て方

2024年9月30日　　初版発行

著　者……前田智行
発行者……塚田太郎
発行所……株式会社大和出版

東京都文京区音羽1-26-11　〒112-0013
電話　営業部03-5978-8121／編集部03-5978-8131
https://daiwashuppan.com

印刷所／製本所……日経印刷株式会社
装幀者……上坊菜々子
装画者……楠わと

ISBN978-4-8047-6441-2